성경인물들의 기도 (상)_구약편

Nihil Obstat:
Rev. Pius Lee
Censor Librorum
Imprimatur:
Most Rev. Boniface CHOI Ki-San, D.D.
Episc. Incheon
2016. 3. 9.

성경인물들의 **기도** (상)_구약편

1판 1쇄 발행 2016년 3월 28일
1판 3쇄 발행 2022년 9월 1일

글 차동엽

펴낸이 (사)미래사목연구소
펴낸곳 위즈앤비즈
주소 경기도 김포시 고촌읍 신곡로 134
전화 031-986-7141   **팩스** 031-986-1042
출판등록 2007년 7월 2일 제409-31300002510020070000142호

ISBN 978-89-92825-87-0 04230
       978-89-92825-86-3(세트)

값 15,000원

성경 인물들의

기도 상

구약편

차동엽 글

위즈앤비즈
Wisdom & Vision

신앙 선배들의 실전 기도

인간은 기도하는 존재입니다.

시인하건 부정하건, 알 건 모르건, 말로써건 직관으로건, 누구나 '절대'를 향하여 속바람을 털어놓습니다.

무신론자라 자처하는 이조차도, 깊이를 알 수 없는 마음 바닥 후미진 곳에서는 자신도 모르게 기도하고 있다고 말하는 것이 옳습니다.

냉담을 공공연히 선언한 이 역시, 고집스런 항의로써 일정한 아쉬움을 하느님께 토로하고 있는 셈입니다.

이럴진대 명색이 신앙인인 우리야 얼마나 더 절박한 기도의 명분들을 쌓아놓았겠습니까.

저마다 기도할 이유는 넘치도록 있습니다.

문제는 "어떻게 기도해야 할지" 잘 몰라서 여태 시행착오를 거듭해온 것이 평균적인 안타까움이라는 사실입니다.

"어떻게 하면 기도를 잘할 수 있을까?"

두말할 것도 없이, 무작정 기도하기보다는, 먼저 기도하는 법을 충실히 배우는 것이 상책입니다.

기도의 으뜸 스승은 당연히 예수님이시고, 최고의 기도는 의당 '주님의 기도'입니다.

하지만, 우리는 신앙 선배들을 통해서도 기도하는 법을 배울 수 있습니다. 그들은 우리에게 척박한 삶의 터에서 살아남는 생존 기도, 실전 기도를 가르쳐 줍니다.

차동엽 신부는 이점에 착안하여 『성경인물들의 기도』를 엮어냈습니다. 한 해 전 정숙의 시간을 청하여 허락해주었더니, 그 침묵 중에 조용히 옥토를 일구어 소담한 결실을 거두었습니다.

가난한 대로 나누고자 하는 그의 마음에, 이 글이 독자들에게 물 한 모금이라도 되어 주었으면 하는 축원을 보탭니다.

천주교 인천교구장
최기산 보니파시오 주교

/무모함에 대한 변명

이 글은 성경 속 인물들의 기도 '복원작업'의 시도입니다. 얼핏 무모하게 느껴지는 이 작업에 감히 착수한 것은, 우선 제가 기도를 기도답게 하고 싶어서 그랬습니다. 그러기 위해서는, 시대를 훌쩍 건너뛰어, 황량한 불모지에서 기도의 길을 닦은 선배들에게서 한 번 '정통으로' 배우는 것이 먼저이겠다 여겨졌습니다.

기대는 적중했습니다. 과정은 고됐습니다만, 모델로 모신 인물들마다 제게 '한 수' 가르침을 주었습니다.

이렇게 배움이 제법 누적되어갈 무렵 어느 새벽의 일이었습니다. 고요 가운데 시편 묵상을 하던 중, 한 단락이 '큰 글자'로 확대되어 눈에 들어왔습니다.

"주님께서 〔…〕 **헐벗은 이들의 기도**에 몸을 돌리시고
그들의 기도를 **업신여기지 않으시리라**" (시편 102,17-18).

지금도, 나지막이 소리 내어 내려 읽노라면, 뜻을 채 헤아리기도 전에 체감(體感) 단어군이 먼저 제 심금에 와 닿습니다. "헐벗은 이들의 기도", "업신여기지 않으시리라"!!! 번역문을 굳이 원문과 대조해 보면, "그들의 기도"는 "그들의 애소(애원, 탄원, 하소연)"로 바꿔 읽어도 무방할 듯합니다.

한 글자 한 글자 속에서 우리 시대 저마다의 애환과 고달픔을 속속 헤아려주시는 주님 '연민'이 고동치는 듯합니다.

이 시편 말씀은 뜬금없이 미래의 희망을 전하지 않습니다.

외려 숱한 성경 속 실재 인물들의 극적인 기도 체험을 증언합니다.

사실이 그랬습니다. 성조니 영도자니 임금이니 예언자니 할 것 없이, 아무리 당대를 호령하던 권세가도, 주 하느님 앞에서 기도할 때는 영락없이 "헐벗은 이"였습니다. 그들의 기도는 '애원하는 소리'요 '탄원'이었습니다. 그러기에 하느님께서는 그들의 애소(哀訴)를 "업신여기지" 않으셨던 것입니다.

저 시편 말씀의 반추가 이쯤에 이르자 저는 대뜸 이 구절을, 오늘 우리가 파란만장한 『성경인물들의 기도』에서 배운, '불후의' 증언으로 삼고 싶어졌습니다.

"옳거니! 주님께서 헐벗은 이들의 기도소리 들어주시고,
그들의 애소를 업신여기지 않으셨네!"

글을 엮는 지금도 이 증언은 유효합니다. 이 글을 읽는 이에게마다 이 증언이 자신의 이야기가 되기를 희망합니다.

이로써 머리말을 갈음하면서, 저는 이 시편 구절 다음에 이어지는 말씀을 애착합니다.

"오는 세대를 위하여 이것이 글로 쓰여
다시 창조될(새) 백성이 주님을 찬양하리라" (시편 102,19).

이 책이 이 시편 말씀의 작은 성취이기를 삼가 기도합니다. 이 책으로 인하여 "오는 세대"가 신앙 선배들의 기도를 배우고, 새 백성이 기도응답을 받아 주님을 찬양하게 되기를, 감히 소망합니다. 주님은 찬미받으소서. 아멘!

2016년 부활절을 앞두고 기도움막에서
차동엽 노르베르또 신부

"당신 말씀을 보내시어 그들을 낫게 하시고
구렁에서 구해 내셨다"(시편 107,20).

목차

/ 그들은 우리에게 무엇인가?

그들, 우리는 이제 싫든 좋든 그들을 만날 것이다.

혹은 수십 페이지, 혹은 겨우 반 페이지 남짓, 때로는 단 몇 줄, 여러 모양새로 성경 공간에 박제된 주인공으로 남은 그들!

지금 우리는 그들을 만나기 위하여 그들이 살아 활동하던 시대로 잠입할 것이다. 그리하여 단 하나의 앵글, '기도'라는 관점만 가지고 그들의 삶을 추적할 것이다.

"그들은 어떻게 기도를 올렸고, 그 기도는 어떤 결말로 끝났을까?"

이것이 우리 궁금증이 알아내고자 하는 바다.

저마다 삶의 우여곡절이 펼쳐지는 가운데 하늘을 향하여 부르짖는 순간을 경험한다. 어떤 기도는 금세 응답받고, 어떤 기도는 거절당하기도 한다. 응답이 오기까지 한 평생을 기다려야 했던 경우도 있다. 성격 따라 기도의 방식도 다채롭다. 요컨대, 그들에게 세상만사 희로애락이 기도의 자리이며, 생사화복과 흥망성쇠가 기도의 결실이기도 하다. 그러니, 그 무진장한 영감의 지대를 넘나들며 그들의 기도 속으로 흠뻑 잠겨볼 심산이다.

그런데, 애초에 짚고 넘어가야 할 또 하나의 질문!

"그들의 기도는 나와 무슨 상관인가?"

기왕이면 그들의 기도가 우리 기도를 도약시켜주는 '실효적 영감'이 될 수 있기를 꿈꿔본다. 그러기 위해서는 그들의 기도를 사실대로 기록해주고 있는 성경의 증언이 우리들 각자에게 살아 있는 레마(하느님께서 나를 위해 내리시는 개인적 말씀)로 살아나야 할 것이다. 물론, 주관의 오류를 피하기 위하여 성경의 증언을 로고스(누구에게나 유효한 진리로서의 말씀: 요한 1,1 참조)의 관점에서 읽어야 한다는 것은 글쓰기와 글읽기의 대전제이겠다.

바라건대, 독자께서 이 글의 바탕이 되고 있는 로고스의 밭에서 자신에게 딱 맞는 레마를 만나 이런 독백을 했으면 좋겠다.

"그러고 보니, 그가 나이며, 그의 기도가 바로 내 기도인 걸…."

원시에서 주은 신앙

아담
카인
노아
아브라함
사라
에사우
야곱
요셉
욥

아담 /첫 인류 아담의 탄원

책 읽는 아담들　　듣자하니 오늘 우리의 문화권에서 50대 후반의 남성들이 점점 인문학 서적의 주독자층으로 자리매김하고 있다고 한다.

인문학 서적이라! 혹여 이는, 학창 시절을 종료하고 곧바로 생존 전선에 뛰어들어 치열하게 달려오다가 홀연 '은퇴'라는 당황스러운 상황에 내몰리게 된 저 남정네들이 오랜 세월 가슴에 묻어두었던 '인생' 관련 물음들을 끄집어내어 다시 소년처럼 만지작거리고 있다는 예후가 아닐까.

"죽기 살기로 질주해온 그 파란만장한 삶의 궤적에 황당하게 들이닥친 멈춤, 그리고 아ー 이 낯설기만 한 허무는 뭐지?"

"도대체 인생이란 무엇인가?"

"'나'는 어디서 와서 어디로 가는 존재이며, 내 인생의 종착지는 과연 어디일까?"

모르긴 모르겠으되, 오늘의 '아담'들은 하릴없이 읽는 책갈피에서 문득 이런 식의 물음들에 맞닥뜨리지 않을까. 개연성이 높은 얘기다.

아담의 노래

최초의 인간 아담. 그는 인류의 원형인 동시에 남성의 원조다. 에덴동산에서 활개 치며 살았던 그에게 인생은 어떤 모양새였을까. 그는 과연 무슨 낙으로 살았을까. 그에게는 고뇌가 없었을까. 창세기에 나타난 단서를 따라 그의 심상을 추적해보자.

아담이라는 이름은 '흙'을 뜻하는 히브리어 '아다마(adama)'에서 왔다. 이는 인간이 흙에서 온 존재라는 사실을 뜻한다. 그런데 이 아담이 생명체가 된 것은 하느님께서 불어넣어 주신 '숨' 때문이었다.

"그때에 주 하느님께서 흙의 먼지로 사람을 빚으시고, 그 코에 생명의 숨을 불어넣으시니, 사람이 생명체가 되었다"(창세 2,7).

여기서 '흙'은 자연과 현실을 가리킨다. '숨'은 신적 기원, 곧 초월적 특성을 가리킨다. 한마디로, 인류의 원형 아담은 자연계의 현실에 발붙이고 살지만 본디 신적 생명력을 지닌 초월적 존재라는 얘기다. 이를 성경은 다음과 같이 짤막하게 표현한다.

"우리 모습을 닮은 사람을 만들자"(창세 1,26 참조).

여기서 '우리'는 다신(多神)을 뜻하지 않고 '신들의 총체', 곧 절대 신을 지칭한다. 주목할 것은 '모습'이라는 단어로 겉모양이 닮았을 때 사용되는 '데무트(demut)'와는 달리 '본질이 닮았다'는 것을 뜻하는 '셀렘(tselem)'이 쓰였다는 사실이다. 결국, 인간은 하느님의 겉모양이 아니라 속, 곧 특성을 닮았다는 이야기다. 성경은 하느님께서 이렇게 마지막으로 사람을 창조하시고 나서 "보시니 참 좋았다"라고 말씀하셨음을 강조한다. 이는 영성적으로 깊은 의미를 지닌다. 풀어 말하면 이런 말씀인 셈이다.

"지금 이대로 좋다. 뜻한 대로 만들어졌다. 그리고 참 잘 작동하고 있다. 계속 그대로만 존속하거라!"

이렇게 하느님께서는 아담의 성품과 기품 그리고 됨됨이에 대만족이셨다. 여기에, 단 하나의 아쉬움이었던 아담의 거들짝 '하와'까지 배려하시어, 살뜰하니 정분을 붙여주시니 이제 부족할 것이 없을 판이다. 마침내 아담은 에덴동산 촌장으로 임명된다.

"자식을 많이 낳고 번성하여 땅을 가득 채우고 지배하여라. 그리고 바다의 물고기와 하늘의 새와 땅을 기어 다니는 온갖 생물을 다스려라"(창세 1,28).

그리하여 이러구러 행복하게 나날을 소일하던 아담. 어느 호젓한 저녁녘, 감동에 겨워 콧노래를 부르다, 절로 찬미에 젖어든다.

"우러러 당신의 하늘을 바라봅니다, 당신 손가락의 작품
들을 당신께서 굳건히 세우신 달과 별들을.
인간이 무엇이기에 이토록 기억해 주십니까? 사람이 무엇
이기에 이토록 돌보아 주십니까?
신들보다 조금만 못하게 만드시고 영광과 존귀의 관을
씌워 주셨습니다.
당신 손의 작품들을 다스리게 하시고 만물을 그의 발아래
두셨습니다.〔…〕
주 저희의 주님 온 땅에 당신 이름, 이 얼마나 존엄하십
니까!"(시편 8,4-10)

부를수록 노랫가락이 흐드러진다. 정녕 이대로 좋다. 낙원? 파
라다이스? 무릉도원? 어떻게 부르건 '이곳'은 행복의 절정이며,
평화의 충만이다. 아담의 고백이 아니라, 상상을 비집고 그 태고
의 공간을 잠입한 구경꾼의 탄성이다.

차라리 자유를 반납하고 싶다

저렇게 노래했던 아담
이었다. 그런데 그에
게 피할 수 없는 딜레마가 있었다. 바로 '선악과'다(창세 2,16-17 참
조). 거두절미하고, 선악과는 한마디로 창조주 하느님과 피조물 인
간의 질서를 규정하는 명령이다.

"네가 무엇이든 다 해도 좋은데 내 영역만은 건드리지 마라. 나는 하느님이고 너는 인간이다. 이거 하나는 지켜라."

이 취지를 아담이 모르는 바 아니었다. 하느님 명령에 순명할 자신감도 있었다. 하지만 그는 혼자가 아니었다. 그의 주변에 그를 꼬드기는 유혹자들이 있었다. 약한 마음에, 그놈의 정(情) 때문에 그만 그는 무너지고 말았다. 그와 동시에 홀연 죄책감과 두려움 그리고 수치감이 엄습했다. 그는 숨는 길을 택했다. 짓궂은 하느님! 내버려두지 않으시고 그를 부르셨다. "아담아, 너 어디 있느냐?" 그의 기어들어가는 목소리는 떨리고 있었다.

"제가 알몸이기 때문에 두려워 숨었습니다"(창세 3,10).

이는 회한과 원망 그리고 해명과 바람이 교차되는 고백이었다.

님이시여, 제가 지금 숨었나이다.
저는 벌거숭이, 몸뚱어리가 수치스러워 감히 얼굴조차
내밀지 못할 노릇!
님께서 제 '갈비뼈'로 만드신 거들짝 하와, 그녀의 권에
넘어가
그만 선악과를 한입 깨물었더이다.

당신을 거스르려는 음모에서가 아니었습니다. 기어코!
그저 의리를 좇다가 그 꼴이 되었습니다. 찰나의 방심!

순간의 달콤함으로 무시간(無時間: 영원)의 복락을 잃었습니다.
보시나요, 저의 이 쓰라린 폐부를.

아―, 제 심실의 안주인 자유의지가 이토록 거추장스러울 줄이야.
님이시여, 차라리 거두어주소서.
제가 기꺼이 반납하오리다.

이는 그대로 이 시대 아담(Adam)들의 탄원이기도 하다. 어찌 하와(Eve)라고 '자유의지'의 중압에서 자유로울 수 있으랴.

카인 / 살인자 카인의 노래

자비의 끝　　1980년대 말 오스트리아 빈 신학대학에서 신부 수업을 받던 시절, 우리는 삼삼오오 그룹별로 특히 성가를 많이 불렀다. 아예 신학원 전용 성가집이 있었다. 거기에 전통 성가는 물론 떼제 성가, 개신교 성가, 성령 성가 등도 포함되어 있었다. 성무일도를 바칠 때나 그룹 나눔 때 함께 성가 몇 곡을 부르다 보면, 어느새 성령께서 주시는 기쁨과 위로로 충만해지곤 했다. 그중 지금도 흥얼거려지는 가사가 있다.

"주님 선함, 끝이 없네, 끝없어.

주님 자비, 멈추지 않아.

아침마다 새롭네, 아침마다 새로워.

크도다, 주님 자비."

사실 이 가사는 애가서 3장을 개사한 것이다.

"주님의 자애는 다함이 없고 그분의 자비는 끝이 없어 아침마다 새롭다네. 당신의 신의는 크기도 합니다"(애가 3,22-23).

나는, 아직 뭘 모를 때 신나게 불러댔던 저 노랫말이 뜻하는 바를 요새 겨우 알 듯하다. 나이를 먹음에 비례하여 주님의 자비가 점점 진하게 체감되기 까닭이다.

프란치스코 교황의 2014년 방한 일정 마지막 날 평화와 화해를 위한 미사 때, 교황이 전한 핵심 메시지는 '일곱 번이 아니라 일흔 일곱 번까지라도 용서하는 것'(마태 18,22 참조)이었다. 오늘날 남북 긴장국면의 뿌리인 '동족상잔'의 해법치고는 너무도 일방적이고 단순한 말씀이었다. 그 깊은 뜻을 알 리 없는 기자들이 나에게 그 의중을 물어왔던 기억이 새롭다.

카인의 증표

죄인인 우리가 오늘 경탄해 마지않는 주님의 자비는 성경 첫 대목의 주제이기도 하다. 안타깝게도 아담이 하느님의 명을 거역한 이후, 바로 그 아들 대에서 형제간 살인극이라는 비극이 발생한다. 죄는 방치할 경우 급속도로 확산되는 특성이 있음을 시사하는 대목이다. 알려져 있듯이 그 끔찍한 살인자는 카인이었다.

결국 카인은 시기 끝에 동생 아벨을 죽인 죗값으로 '떠돌이' 신세의 형을 받고 낯선 곳으로 추방된다. 그때 카인이 하느님께 청한다. "제가 다른 곳에 가면 맞아 죽게 되었습니다. 저를 보호해

주십시오"(창세 4,14 참조).

그러자 하느님께서는 카인에게 '보호받는 증표'를 주시며, "아니다. 카인을 죽이는 자는 누구나 일곱 곱절로 앙갚음을 받을 것이다"(창세 4,15) 하고 말씀하셨다. 벌을 주시되 끝까지 살길을 열어주시는 하느님의 자비가 고스란히 드러나는 조치였다. 전승에 의하면 그는 아들 '에녹'을 낳았고 새로운 도시를 만들며 건실한 지도자로 변신했다고 한다. 하느님의 자비가 그와 함께하셨던 것이다.

형제 갈등의 시종

그렇다면 카인은 어떻게 해서 친동생 아벨을 죽이는 지경에 이르게 되었을까? 발단은 그 둘이 하느님께 바친 제물의 차이였다.

"카인은 땅의 소출을 주님께 제물로 바치고, 아벨은 양 떼 가운데 맏배들과 그 굳기름을 바쳤다"(창세 4,3-4).

그런데 하느님께서는 카인의 제물은 반기지 않으시고 아벨의 제물만 반기셨다. 왜 그러셨을까? 성경을 얼핏 읽으면, 따로 그 이유가 안 밝혀져 있다. 하지만 사실 이 내용 전체를 가만히 뜯어보면 성경 본문 속에 그 이유가 이미 드러나 있다.

아벨은 '맏배'를 바쳤다고 했다. 이를 통해서 아벨은 무언가 '가장 좋은 것을 바쳤다'는 것을 알 수 있다.

그런데 카인이 예물을 바칠 때는 '땅의 소출'이라고만 했다. 땅의 소출 가운데 '가장 좋은 것'이라는 표현은 안 썼다. 오히려 그다음 대목에서 카인의 마음에 있던 실체가 드러난다. 카인이 풀이 죽어 화가 나 있으니까 하느님께서 말을 붙이신다. "네가 마음을 잘못 먹었다. 네가 마음을 잘 먹었으면 그럴 리가 없다. 네 죄가 문 앞에 도사리고 앉아서 너를 노린다"(창세 4,7 참조).

바로 이것이었다. 카인은 지금 뭔가 마음보를 잘못 썼던 것이다. 제물을 바치면서 흔히 우리가 잘못 먹는 마음은 무엇인가? '아깝다!'는 것이다. "뼈 빠지게 일했는데 아깝다. 그러니까 알이 실한 놈은 남겨두고 찌끄러기를 바치자!" 바로 그 마음이 하느님께 읽혔던 것이다.

시간이 흘러 신약 시대에 와서 카인의 예물을 하느님께서 반기시지 않은 이유를 설명하기를 '믿음의 차이'라 하였다. 히브리서를 보면, 카인과 아벨의 이야기를 하면서 아벨은 믿음으로 제물을 바쳤다고 강조한다.

"믿음으로써, 아벨은 카인보다 나은 제물을 하느님께 바쳤습니다"(히브 11,4).

여기서의 믿음은 추상적인 믿음이 아니라 실질적인 믿음이다. 아벨에게는 '하느님이 모든 것을 챙겨주신다. 하느님은 좋으신 분이다'라는 믿음이 있었다. 그러나 카인은 이와 대조적으로 '아깝다. 하느님이 과연 챙겨주실까? 교회 다니면 밥 먹여주나? 내가 많이 내서 망하면 하느님이 날 챙겨주시려나? 그냥 적게 내서 챙겨야지'라는 식의 생각뿐이었던 것이다.

이렇게 카인이 마음을 잘못 먹으니까, 하느님께서 아벨의 제물만을 반기신 것은 당연한 조치였다. 그럼에도 카인은 원인에는 관심을 돌리지 않았다. 오로지 하느님의 사랑을 독차지하는 아벨이 미워 죽을 노릇일 뿐. 카인은 이를 도저히 눈 뜨고 볼 수가 없었다. 그래서 결국 아벨을 들로 꾀어내 살해했던 것이다.

카인의 통한

누가 알았으랴? 살인자 카인을 타지로 떠나보내면서 그를 보호하는 증표로 '이마'에 그은 흔적, 그것이 결국 "성부와 성자와 성령의 이름으로"로 발음되는 십자성호였음을. 이를 알았든 몰랐든, 떠돌이의 고달픔이 고독해질수록, 그의 회한에 깨달음의 연륜이 수북이 쌓여가지 않았을까.

⌃

외롭습니다. 언제나 낯선 곳 타향살이의 신세가 이토록 처량할 줄이야.
고달픕니다. 뿌리는 대로 거두지 못하는 끝없는 잔머리 굴레의 잔혹함이란.
그립습니다. 내가 죽인 나의 동생 아벨! 이 세상 그 어떤 의리보다 진한 한 핏줄임이 세월이 흐를수록 슬픔으로 저며옵니다.
꿈마다 소스라칩니다. "네 아우 아벨이 어디 있느냐?"는 물음이 천둥처럼 들려오고, 슬그머니 가슴 후미진 곳에 묻어두었던 죄책이 잠꼬대를 해대는 탓에.

눈물로 미련을 뿌려댑니다. 돌이킬 수만 있다면, 돌아갈 수만 있다면, 다시 시작할 수만 있다면….

그럼에도 오늘 제 노래는 애오라지 감사이올습니다. 시방 나는 주님께서 그어주신 그 증표의 광채로 미래를 사는 존재! 놀라고 감사하도다. 그것이 십자 성호였다네. 모든 것을 용서하고, 모든 것을 가능케 하는 '성부와 성자와 성령의 이름으로' 였다네.

≫

노아 / '그대로' 맨(man)

재미있게 읽는 족보   모름지기 가톨릭 신자라면 "성경 한 번은 읽었다"고 체면치레할 요량으로, 크게 그리고 단단히 작심하고 창세기를 펼쳐 읽다가 그만 몇 장 넘기다 멈추고 만 경험이 있을 것이다. 그 첫 번째 걸림돌은 다름 아닌 '족보'다.

창세기 5장에 처음으로 등장하는 족보! 일견 도무지 왜 읽어야 하는지 뜬금없게 보이기만 한다. 그러나 그 기능은 심오하다. 그리고 그것이 내포하고 있는 의미에 눈이 열리면, 그 대목이 외려 더 재미있게 읽힌다. 족보는 역사의 계승, 곧 연속성을 드러낸다. 모든 것에는 대물림이 있다는 것이다. 뒤집어 말해서 족보는 후대의 어떤 사건이나 사태를, 그것이 선한 것이든 악한 것이든, 원인론적으로 규명해준다.

그렇다면 아담에서 노아에 이르는 가계를 소상히 기술하고 있는 창세기의 족보는 무엇을 원인론적으로 밝히려 했을까. 한마디로 노아 시대의 사회적 적폐, 곧 죄의 창궐이 어디에서 비롯된 것인지를 해명하고 있다. 아담의 10대손 노아가 살던 시대에는 벌써 죄가 세상에 만연했다. "사람들의 악이 세상에 많아"(창세 6,5)졌고, "세상은 하느님 앞에 타락해 있었다"(창세 6,11). 어쩌다가 그 지경이 되었을까.

그 답을 제시하고 있는 것이 족보다. 노아에서 출발하여 족보를 따라 거슬러 올라가면 결국 아담과 하와의 원죄까지 소급된다. 족보는 오르막으로 읽을 수도 있고 내리막으로 읽을 수도 있다. 다시 아담에서부터 족보를 내리막으로 읽어보면, 아담과 하와의 죄는 곧바로 카인과 아벨 사이의 살인으로 이어진다. 점점 죄가 악독하게 확산된다. 이것이 눈덩이처럼 불어나 노아 시대의 무법천지로 이어졌다는 것이다.

하늘을 찌른 역겨움

내친김에 노아 시대에 만연했던 죄의 심각성에 주목해보자. 이는 '하느님의 아들들'과 '사람의 딸들'이 결혼하기에 이르렀다(창세 6,2 참조)는 대목에서 여실히 드러난다. 여기서 '하느님'은 거룩한 분을 가리키고 '사람'은 거룩하지 않은 존재를 말한다. 이러한 대조에 두 번째 대조가 추가된다. 즉, 고대문명의 배경에서 '아들'은 귀하고 '딸'은 비천하다는 구별이 가세된다. 이렇게 '사람에다 딸'이니 얼마나 골칫거리인가.

결국 이런 수사학적인 대조법은 '하느님의 아들들'로 묘사된 거룩하고 경건한 사람들(신앙인)이 '사람의 딸들'로 표현된 경건하지 않은 사람들(비신앙인)에게 홀려서 결혼을 하여 신앙을 잃게 되었다는 사실을 극명하게 폭로하고 있다. 이리하여 신앙이 비신앙에 묻히고, 화평이 폭력에 짓밟히고, 하느님의 지혜가 세상의 지식에 능멸당하는, 그야말로 하늘을 찌르는 역겨움의 오사리 잡탕이 되어버린 형국이다.

저러함에 하느님께서는 크게 후회하시며(창세 6,6-7 참조) 홍수로써 판갈이 하기로 계획하신다. 이리하여 전개된 노아의 방주와 홍수, 그리고 무지개 이야기는 우리에게 낯설지 않다.

'그대로'   거두절미하고, 하느님께서는 방주를 손수 기획하시고, '남을 자'로 노아 일가를 선택하셨다. 노아는 하느님 눈에 쏙 든 인물이었다. "노아는 당대에 의롭고 흠 없는 사람이었다. 노아는 하느님과 함께 살아갔다"(창세 6,9).

어떻게 하면 '의롭고', '흠 없는' 사람이 될 수 있을까. 그 비결은 '그대로'에 있다. 이는 하느님께서 노아에게 난데없이 방주를 만들라 지시하셨을 때 그가 어떻게 했는지를 보면 금세 드러난다.

"노아는 그대로 하였다. 하느님께서 그에게 명령하신 대로 다 하였다"(창세 6,22).

"노아는 주님께서 명령하신 대로 다 하였다"(창세 7,5).

"하느님께서 노아에게 명령하신 대로…"(창세 7,9).

이렇게 반복되는 문장들은 노아가 주님께서 명령하신 '그대로' 행했다는 사실을 강조하고 있다. 이것이 바로 노아가 하느님 앞에 '의롭다'고 인정받은 결정적 이유였다. 순명! 노아는 방주를 지으라는 하느님의 말씀에 순명하되, 하느님께서 지시하신 설계도에 한 치의 가감도 없이 실행하였다. 심지어는 창문의 위치와 크기까지도 분부하신 대로 따랐다. 그대로!

어려움이 없는 게 아니었다. 노아가 방주를 만들기 시작하자 세상 사람들은 나이가 600살이나 되어 노망하였다고 하면서 여러 가지로 비웃고 조롱하였다. 하지만 노아는 아랑곳하지 않고 오로지 하느님의 지시에만 순명하였다.

그뿐이 아니었다. 방주에 오를 때도, 홍수가 끝나고 방주에서 나올 때도, 오로지 하느님의 명령대로 따랐다. 노아는 방주 안으로 들어가라고 명령을 받았을 때(창세 7,1 참조) 들어갔고, 이미 땅이 말랐음을 확인하고도 "방주에서 나와라"(창세 8,16 참조)라는 명령이 있기까지 두 달이나 넘게 기다리고 있었다.

그 덕분에 인류는 무지개 약속을 받게 되었다.

"내가 무지개를 구름 사이에 둘 것이니, 이것이 나와 땅 사이에 세우는 계약의 표징이 될 것이다"(창세 9,13).

이렇게 무지개로 홍수가 마감되고 노아가 땅으로 나와 첫 번째로 한 행동은 '곧바로' 제사를 드린 것이었다(창세 8,20 참조). 거기서 '향내'가 났다(창세 8,20-21 참조).

'그대로' 맨(man) 노아! 말년에 노아는 가끔 포도주를 즐겼다. 추억이 거나하게 차오를 때마다, 그는 이렇게 자전적 노래를 흥얼거리지 않았을까.

나는 무지렁이, 왕따 인생.
사람들은 나를 등신, 쪼다, 멍청이라고 불렀소.
앞뒤가 꽉 막힌 밥통, 옹고집이라고도 불렀소.
그러거나 말거나 내겐 '그대로'가 생존철학이었소.
허허, 그대들은 아시오, '그대로'가 나를 살렸소.
분부하신 '그대로' 행했더니, 우뚝하니 방주가 되었소.
그대로, 그대로, 그대로 따랐더니, 이윽고 홍수가 그치고
무지개가 떴소.

나는 보았네. 죄와 타락의 세상 위에 떠서 하늘로 뻗쳐
있는 7색 휘어짐.
또 보았네. 저녁 위에 떠서 새 아침으로 이어진 그 자비의
오로라.
단지 '그대로' 좇았을 뿐인데, 쏟아진 축복은 차고 넘쳤네.
그대로! 쉬워 보이지만, 세상에서 가장 어려운 것.
그대로! 어려워 보이지만, 세상에서 가장 쉬운 것.

아브라함1 / 바벨탑 해결사

바벨탑의 논리　　　창세기 11장에 나오는 바벨탑 이야기. 이는 한 시대의 비극으로 끝나지 않았다. 그 화근이었던 인간의 야욕과 교만이 여전히 살아 있기 때문이다. 스스로 신적 경지에 이르러 '신 없는 세상에서' 신처럼 군림하고자 하는 모든 저의! 그로부터 오늘의 바벨탑들은 곳곳에서 축조되고 있다 할 것이다. 바벨탑의 논리는 우리를 매혹한다.

"자, **(우리가)** 성읍을 세우고 꼭대기가 **하늘까지 닿는 탑**을 세워 **(우리) 이름을 날리자.** 그렇게 해서 우리가 온 땅으로 흩어지지 않게 하자"(창세 11,4).

여기서 주어는 '우리'다. '우리'가 '하늘까지 닿는 탑'을 쌓아서, 즉 무엇인가를 '하여', 마침내 '(우리) 이름을 날리자'! 바로 이런 의도다. 나쁘지 않다. 오히려 호기로운 꿈이다. 여기서 문제는 이

'우리'가 인간이라는 사실에 있다. 곧, "우리 인간이 신적인 경지를 구축하자"는 식의 도발적 도전이었던 점이 치명적인 잘못이었다.

엄연한 피조물로서 자기 분수를 몰랐던 저 교만은 결국 창조주 하느님의 진노를 사 붕괴, 흩어짐 그리고 소통 장애라는 파국으로 귀결되었다.

바벨탑의 교훈은 우리 일상의 삶에도 적용된다. 삶의 주도권을 '우리' 또는 '나'가 가지려 할 때 그것은 이미 바벨탑의 시작이다. '꼭대기가 하늘까지 닿는 탑' 자체가 이미 신의 영역을 넘보는 공명심이다.

시방도 도처에서 수상쩍은 음모의 소리들이 와글와글 댄다.

우리가 해내자, 그것은 내가 한다, 무엇인들 못 할쏘냐.

초-, 울트라-, 나노-, 유전자복제…, 첨단 성과로 우리의 이름을 날리자.

초인, 초능력, 헤게모니, 패권…, 무소불위의 권세를 부리자.

신은 없다, 신은 죽었다, 신 없는 세상에서 우리가 신이 되자.

덩더꿍, 덩더꿍, 우리끼리 신들의 향연을 즐기자.

역바벨탑 부르심　　아브라함의 등장은 창세기 11장 바벨탑 사건에 이어 극적으로 이뤄진다. 그

사이의 족보는 연결고리일 뿐이다. 그러니까 아브라함이라는 인물은 바벨탑으로 인해 초래된 총체적 비극을 치유하려는 하느님의 해결책, 곧 대안이었던 셈이다. 그러기에 우리는 아브라함의 소명을 '역바벨탑 부르심', 그리고 아브라함 자신을 '바벨탑 해결사'라 불러도 무방하겠다. 놀랍게도 부르시는 대목을 보면 궤가 딱 맞아떨어진다.

아브라함을 향한 하느님의 부르심은 뜬금없이 날벼락처럼 내린다.

"네 고향과 친족과 아버지의 집을 떠나, 내가 너에게 보여 줄 땅으로 가거라"(창세 12,1).

이어 하느님의 계획이 선언된다.

"**나**는 너를 **큰 민족이 되게 하고**, 너에게 복을 내리며, **너의 이름**을 떨치게 하겠다"(창세 12,2).

바로 이 문장에 역동적인 반전이 내장되어 있다. 곧 앞의 '바벨탑 논리'를 치유하는 '역바벨탑 논리'가 힘차게 파동치고 있다.

어떻게 그런가. 여기서 '나'는 '하느님'이시다. 바벨탑 음모의 주인공 '우리(인간)'가 '나(하느님)'로 전환되었다. 내용상으로도 '**우리가** 탑을 세워, **우리 이름**을 날리자'던 바벨탑의 야욕은 '**나**(하느님)는 **너**(아브라함)를 큰 민족이 되게 하여, **너의 이름**을 떨치게 하겠다'는 하느님 계획으로 궤를 맞춰 바뀌었다.

보이는가, 이 극명한 대조가! 한마디로, 역사의 주도권이 인간에게서 하느님에게로 넘어가는 대전환이 이 약속 말씀에서 뚜렷하게 읽히는 것이다. 결국 이 말씀은 인간이 주도권을 쥐고서 남용할 때는 바벨탑이나 쌓고 대재앙으로 끝났지만, 다시 하느님께서 주도권을 발휘하시니 이제 새 축복의 길이 열리게 되었다는 점을 부각시킨다.

이쯤에 이르니, 인류 죄의 역사에서 반복되어 나타나는, 충실하고 집요한 하느님의 자비가 거듭 확인된다. 첫 인간 아담과 하와가 범죄의 값으로 에덴동산에서 추방당할 때 그들에게 입혀준 '가죽 옷', 아벨을 죽인 카인이 떠돌이 신세가 될 때 이마에 새겨준 '보호의 증표', 노아 시대 하늘에까지 악취를 풍긴 타락에 홍수의 징계가 내려질 때 화해의 가교로 띄워주신 '무지개'에 이어, 바벨탑 역모에 내려진 민족들의 풍비박산을 치유하실 비책으로 '성조 아브라함'이라는 묘수를 강구하심! 이야말로 신적 지혜가 깃든 자비가 아닐 수 없다.

그렇다면 아브라함은 느닷없는 하느님의 부르심에 어떻게 응했을까? 한마디로 그는 순명과 온유로 하느님의 분부를 이행했다. 자신의 의지를 접고 하느님의 뜻을 따랐다. 생의 주도권을 전적으로 하느님께 양도했다. 그랬더니, 듣도 보도 못했던 놀라운 일들이 그를 둘러싸고 잇따라 일어났다. 이 이치가 장황하면서도 흥미진진한, 성경 속 아브라함 이야기에 깔려 있는 복선이다.

바벨탑과 제단   어리석은 사람들은 작당하여 바벨탑을 쌓았다. 아브라함은 오롯한 마음으로 제단을 쌓았다. 야훼 하느님의 분부와 약속이 떨어지면 그는 바로 그 자리에 제단을 쌓아 제사를 바쳤다.

"그는 그곳에 주님을 위하여 제단을 쌓고, 주님의 이름을 받들어 불렀다"(창세 12,8).

"그는 거기에 주님을 위하여 제단을 쌓았다"(창세 13,18).

"아브라함은 그곳에 제단을 쌓고 장작을 얹어 놓았다"(창세 22,9).

아브라함이 제단을 쌓았다는 이야기를 이처럼 반복해서 기록하고 있는 것은, 이것이 아브라함의 속마음을 송두리째 드러내주기 때문이다. 제단은 인간 중심의 삶을 하느님 중심으로 전환하는 영적 전향의 발로다. 이 중심의 이동을 우리는 믿음이라 부른다. 믿음이란 무엇인가? 나의 능력이나 지혜나 자비를 믿는 것을 믿음이라 하지 않는다. 그 대신에 믿음은 하느님의 능력, 지혜, 자비에 내 삶을 의탁하는 것을 가리킨다. 그러기에, 아브라함이 제단을 쌓았던 것은 믿음의 행동이었던 셈. 아브라함은 이 믿음으로 "의롭다!"고 인정받았다(창세 15,6 참조).

아브라함은 하느님께서 기뻐하시는 제단 쌓기의 비밀을 이렇게 발설한다.

⌃

몸소 내 이름을 불러주시다니, 이 어인 영광.

홀연 '동서남북 끝없는 땅'을 약속해주시니, 이 무슨 성은.
그만 감읍하여 무어라도 바치고 싶었지.

제단을 쌓았더니 쩌르렁하고 하늘이 열렸지.
제물도 바치기 전에 둥그레 발그레 신령한 미소(민수 6,25
참조)가 번쩍번쩍 천상에서 명멸했지.
내 마음 한 조각 떼어 가장 실한 놈 만배 굳기름으로 바쳤
더니, 향기가 연기처럼 피어올랐지.
애틋한 내 사랑 투명 나비처럼 춤을 추며 아스라이 하늘
치마에 이르니, 그 흐뭇함에 성삼의 후각 벌름벌름 취하신
듯했지.

우러르는 시선 너머로 천사들의 노랫가락 들릴 듯 말 듯
하늘 산에 메아리쳤지.

"네 첫 것을 다고, 네 첫 마음을 다고, 네 몽땅을 다고, 네
오롯함을 다고.
네 새벽을 다고, 네 흉금을 다고, 네 열쇠꾸러미를 다고,
네 충심을 다고.
갚아주마, 얹어주마, 튀겨주마, 30배 60배 100배로 늘려서
주마."

아브라함2 / '절대믿음' 의 원조

마지막 시험　　　　아브라함은 일흔다섯의 나이에 하늘의 별같
　　　　　　　　　이 많은 후손을 얻게 될 것을 약속받았다. 그
때 아내 사라는 예순다섯 살, 전혀 아이를 낳을 수 없는 처지였다.
알다시피, 그럼에도 그들 사이에서는 결국 긴긴 세월에 걸친 믿음
의 우여곡절 끝에 적자 '이사악'이 태어났다.

이렇게 귀하게 태어나 애지중지 키어왔던 이사악! 한창 그가 대견
스럽기만 보일 무렵, 아브라함에게 청천벽력 같은 명령이 떨어졌다.

"네가 사랑하는 외아들 이사악을 나에게 번제물로 바쳐라"(창세
22,2 참조).

외아들, 그것도 100세 늘그막에 얻은 유일한 희망을 바치라는
명령은 아브라함에게 감당할 수 없는 고뇌였을 터다. 너무나 잔인
한 명령! 이를 인간적인 생각으로 이해한다는 것은 불가능한 일인

지도 모른다. 그렇기에 지독한 무신론자 리처드 도킨스는 이 명령에 대해 다음과 같은 독설을 퍼부었다. "결국 신이 농담을 했던 것이다. 신은 아브라함을 '유혹하고' 믿음을 시험했을 뿐이다. 현대의 도덕주의자들은 그러한 심리적 외상을 아이가 어떻게 극복할 수 있었는지 궁금해 하지 않을 수 없다."

하느님께서 아브라함에게 내린 저 명령을 하느님의 존재 자체를 의심하게끔 하는 폭압이라고 본 도킨스에 동의하는 이들 또한 적지 않다.

하지만 겸허하게 밝히거니와, 이러한 해석은 전적으로 짧은 안목에 기인한다. 하느님의 안목은 우리가 상상할 수 없을 만큼 고차원적이라는 사실을 놓치지 말아야 하는 것이다.

"하늘이 땅 위에 드높이 있듯이 내 길은 너희 길 위에, 내 생각은 너희 생각 위에 드높이 있다"(이사 55,9).

이해력은 철저히 안목에 비례한다. 안목이 짧으면 높은 수준의 섭리나 계획을 이해하지 못한다. 그러기에 하느님께서는 큰일을 계획하실 때, 그 일을 위해 부르신 인물에게 당신의 안목을 무조건 수용하도록 훈련을 시키고자 하신다.

바둑의 예를 들어보자. 바둑 10단이 바둑 10급에게 묘수를 가르쳐주어도 10급짜리는 그 훈수를 이해하지 못한다. 그럼에도 10급짜리가 바둑을 잘 두려면 10단이 시키는 대로 이행해야만 한다. 이것이 실력을 향상시키고 바둑을 잘 두는 비결이다. 그러다 보면 수가 보이고, 안목이 이해되는 것이다.

불문곡직하고, 이사악을 제물로 바치라는 하느님의 분부는 누가 들어도 이해가 안 되는 명령이었다. 하느님께서는 말이 안 되는 이 말씀을 일부러 내리셨던 것이다. 어떻게 하나 보려고 말이다. 말하자면, 그가 파란만장하게 받아왔던 믿음 수업을 마치고 이제 '믿음의 조상'으로 인정받으려면, 반드시 통과해야 할 마지막 시험이었던 셈이다.

이는 일종의 지혜다. 어떤 부하가 나에게 충성을 다하는 부하인지 아닌지 알아보려면, 말 되는 명령을 해서는 분간할 수 없다. 말 안 되는 명령을 해도 충성을 다할 때 그가 바로 충복이다. 가령 새벽 2시에 갑자기 전화를 해서 "중요한 일이 생겼으니 지금 당장 출근하시오"라고 했을 때, 출근하는 사람이 충성을 다 바치는 사람이다. 이 사람은 나중에 사장감이다. 이런 정신이 우리에게 필요한 것이다.

'절대믿음'의 고뇌

애초부터 아브라함의 믿음에는 뭔가 2% 부족한 것이 있었다. "떠나라" 하시면 떠났고, "가라" 하시면 갔던 아브라함이었다. 또 "믿어라" 하시면 믿었던 아브라함이었다.

하지만 하느님 보시기에 아브라함의 믿음은 아직 인간적인 잔꾀가 섞여 있는 믿음이었다. 그랬기에 이집트 파라오 앞에서 살아남기 위하여 부인을 여동생으로 속여 말했던 인간적인 잔머리를 꾸짖으셨고, '대리모'라는 인간적인 술수로 후사를 보려 했던 믿음의 부족을 일깨우기 위하여 90세가 된 사라의 쭈그렁 자궁에서 이사악이 태어나는 기적도 보여주셨다. 이런 일련의 충격적인 깨달음의 결과로 아브라함에게는 요지부동의 믿음 공식이 생겼다.

"나는 앞으로 하느님이 뭐라고 그러셔도 무조건 따를 거야. 더는 생각 안 해."

이런 믿음이었다. '절대믿음'이라 할까.

그럼에도 "이사악을 바치라"는 명령은 아브라함에게 과해도 너무 과한 부분였다. 아무리 아브라함의 믿음이 좋다 해도, 하느님의 명령과 양심의 소리 사이에서 줄다리기하는 치열한 갈등은 피할 수 없는 것이었다.

"어떻게 자기 자식을? 더구나 외아들을? 그럼 '민족의 조상'이 된다는 약속은 뭐지?…"

얼마나 괴로웠겠는가. 하지만 이제 고뇌는 멈춰지고 결단은 내려져야 했다.

절대믿음의 끝

그는 다시 '절대믿음'을 믿기로 했다. 이윽고 단장의 마음앓이 끝에 그는 결국 이 믿음으로 새벽 일찍 일어나 이사악을 바치러 간다. 그런데 알려져 있듯이 장작, 불쏘시개 등은 다 있는데 제물이 없다. 이상한 생각이 든 이사악이 아버지께 묻는다.

"아버지 제물은 어디 있는 거예요?"(창세 22,7 참조)

아브라함의 답변은 천연덕스럽다.

"야훼 이레, 야훼께서 마련해주신단다"(창세 22,8 참조).

궁지를 모면하려고 임기응변으로 한 답변이 아니었다. 아브라함은 이미 마음속에 이 믿음을 가지고 있었던 것이다. "설령 아들을 잃는다 해도 내가 상상치 못한 더 큰 선물을 주시리라!"

말만 그런 것이 아니었다. 아브라함은 이 믿음을 그대로 결행하였다. 그는 이윽고 모리야 산에 당도하여 아무 생각 없이 이사악을 제물로 묶어 희생 제사를 바치려 했다. 바로 그때 야훼의 천사가 하늘에서 큰 소리로 아브라함을 부르며 아이에게 손을 대지 못하게 한다.

"나는 네가 나를 얼마나 경외하는지 알았다. 네 외아들마저 서슴지 않고 바쳐 충성을 다하였으니, 나는 너에게 더욱 복을 주어 네 자손이 하늘의 별과 바닷가의 모래같이 불어나게 하리라. 세상 만민이 네 후손의 덕을 입을 것이다"(창세 22,12-18 참조).

이 말씀을 듣고 주위를 살펴보니 수풀에 뿔이 걸린 숫양이 있다. 아브라함은 "이것이 바로 하느님께서 손수 마련하신 제물이로구나!" 하고 이사악을 대신하여 번제로 바친다.

이로써 아브라함은 하느님의 시험을 통과했다. 바야흐로 아브라함은 가히 '믿음의 조상'이라 불리게 된 것이다. 분명히 경축할 일인데, 우리의 관심은 오히려 그가 결단을 내리기 직전 바쳤을 기도에로 쏠린다. 우리 자신이 치러야 할 믿음의 시험이 저만치서 손짓하고 있는 듯해서다. 그래서인가. 이 순간 나는, 용단을 내리던 날 밤새 뒤척였던 '아비된 자'의 애소(哀訴)가 창세기 갈피에서 비장한 여운을 울리고 있음을 듣는다.

✥

혹시 환청이 아닌지요, 이사악을 바치라는,
간밤 그 말씀.
필경 떠보심은 아닌지요, 나이 구십의 할망구 배 속에서
나온
기적둥이를 제물로 올리라는 그 분부.
정녕 애간장 녹는 제 고통을 모르심은 아니겠지요, 제 삶의
마지막 보람인 외아들을 포기하라시는 그 명령.
다시 말씀해주소서,
저를 부르신 하느님이시여.

응답해주소서.
당신께서 지혜이신 거 맞습니까.
당신께서 정의이신 거 맞습니까.
당신께서 사랑이신 거 맞습니까.
응답해주소서, 당신께서 하느님이신 거 맞습니까.
저를 '민족들의 조상'으로 세운다 하신 그 음성이시여.

하오나 부질없는 탄원은 여기까지.
일단 저는 오늘 새벽, 길을 떠날 것입니다,
당신께 대한 두려움이 저를 떠밀기에.
일단은 그 녀석과 장작불만 챙겨서 길에 오를 것입니다,
당신의 추상같은 명(命)이기에.
일단은 아무 생각 없이 모리야 산을 오를 것입니다.
당신은 항상 제게 '놀라움'이셨기에.

어차피 저는 당신을 거역하지 못합니다.
이제 와서 제가 아는 말은 오직 "예, 예, 예",
"예스, 예스, 예스"뿐.
다만 기억하소서,
어느 여름날 밤하늘 별들을 헤아리시며 주셨던 그 약속.
부디 이루소서,
"네 후손이 저 별들의 숫자만큼 많게 되리라"(창세 15,5 참조)
하셨던 그 언약.
저는 그 약속에 올인하오니, 당신께서는 오직 당신의 자비
('자비'를 뜻하는 히브리어 '헤세드' : 약속에 대한 충실을 가리킴)를 상
기하소서.
저를 선택하신 하느님, 저의 주님이시여. 아멘!

사라 /민족들의 제후

남자의 운명 흔히 남자의 운명은 여자의 손에 달렸다고 말한다. 앞 글의 주인공이었던 아브라함 역시 이 속설에서 자유롭지 못했다. 그는 본부인 사라와 그녀의 몸종이었다가 후처가 된 하가르, 둘 사이의 힘 겨루기로 속 꽤나 썩었다. 이는 누구의 잘잘못을 따지기 전에 사랑의 삼각 구도 자체에서 온 당연한 귀결이었다.

어쨌건, 남녀의 상호 영향력은 성경이 집요하게 조명하는 초미의 관심사다. 집회서에는 악처와 현처 이야기가 많이 나온다. 예를 들면 이런 표현이 있다. "내게는 사자와 용과 사는 것이 악한 아내와 사는 것보다 낫다"(집회 25,16). 악처의 등쌀이 오죽 괴로웠으면 이런 표현까지 나왔을까. 집회서의 묘미는 운명적 결론에 있다. 악처와 선남이 살면, 선남은 어떻게 될까? 선남은 악남이 되

46

고 만다. 그런데 선처와 악남이 살면, 악남은 선남이 된다. 결국 남자는 여자를 못 이길 운명이라는 것! 어떤 경우든 여자가 더 세다는 얘기다.

사라가 어떤 아내였든지와 상관없이, 사라의 신앙이 아브라함의 신앙에 끼친 영향은 지대했다고 봐야 옳을 것이다. 아브라함의 신앙 진도표는 전적으로 사라의 그것에 묶여 있을 수밖에 없었다. 아니, 둘의 신앙 여정은 어쩔 수 없는 이인삼각의 행보였다. 보폭 넓은 아브라함도 결국 사라의 짧은 보폭에 맞춰야만 했다는 얘기다.

하느님께서 아브라함을 부르시고 그에게 후사를 약속하신 것은 그가 75세 때였다. 그 약속이 성취된 것은 그의 나이 100세, 사라의 나이 90세 때의 일이었다. 정확히 25년이 걸렸다. 잔혹하게도 길었던 기다림 끝에 아들을 얻은 아브라함과 사라는 뒤늦게야 그 깊은 뜻을 깨달았다. 처음부터 하느님의 약속을 '무조건' 믿었더라면 훨씬 일찍 아들을 얻었을지도 모른다는 사실을!

인간적인 믿음의 드라마

사라는 어떤 아내였을까. 성경은 그녀가 순종의 덕을 지녔다고 말한다. "예컨대 사라도 아브라함을 주인이라고 부르며 그에게 순종하였습니다"(1베드 3,6).

실제로 그랬다. 그녀는 남편 아브라함이 난데없이 하느님의 부르심을 받았다며 낯선 땅을 향하여 고향을 뜨자고 했을 때, 군말

없이 따랐다. 하지만 이어 그녀의 나이 65세, 남편의 나이 75세의 고령에, 무수한 '후손들'을 하느님께서 약속해주셨다는 얘기를 처음 들었을 때는, 뭔가 좀 의아스러웠다. 믿음이 없어서가 아니었다. 하느님께 대한 믿음은 있었지만, 생리적으로 임신이 불가능한 자신의 나이는 부정할 수 없는 현실이기 때문이었다. 그래서 남편을 종용하여 혹시 그 후사 얘기가 몸종 "다마스쿠스 사람 엘리에제르"(창세 15,2)를 양자로 삼으라는 뜻이 아닌가 하느님께 묻게 한다. 하지만 남편 아브라함이 받아온 응답은 의외의 것이었다.

"그가 너를 상속하지 못할 것이다. 네 몸에서 나온 아이가 너를 상속할 것이다"(창세 15,4).

아브라함의 부연 설명은 사라를 더욱 혼돈에 빠트렸다.

"임자, 그러니까 말야, 내 핏줄을 주신다는 말씀인 게야. 흥분되지 않아? 내 혈통! 임자는 어떻게 생각해?"

사라의 현실인식은 냉철했다. 약속을 받고서도 또 몇 년이 어정쩡하게 흘렀기 때문이다.

"우리 나이에 과연 애를 낳을 수 있을까요?"

이렇게 허구한 날을 고민하다가 어느 날 새벽녘에 사라가 눈이 번쩍 뜨인다. 그리고 무릎을 탁 치면서 말한다.

"여보, 그 약속의 말씀이 무슨 뜻인고 하니, 나보고 큰맘 먹으란 분부예요. 이 나이에 나는 안 될 테고, 주님이 혈통을 주신다는 얘기는 우리 주변에 당신의 씨를 받을 사람을 찾아보라는 얘기인 거

예요. 그래 내가 생각해봤는데 내 말이라면 껌뻑 죽는 하가르 어때요?"(창세 16,2 참조)

이 말에 아브라함은 옳다구나 하고 맞장구를 친다.

"거, 말 되는데! 진작 얘기하지 왜 인제서 얘기해~."

결국 아브라함은 사라의 종 하가르를 받아들인다. 그리고 두 사람 사이에 이스마엘이 생겨난다. 세월이 흘러 아브라함의 나이 86세 때의 일이었다(창세 16,1-16 참조). 아브라함은 이스마엘을 후사라고 철석같이 믿고 애지중지한다.

하지만 사라의 이 후덕한 선처는 나중에 자신에게 후회막급한 일로 돌아온다. 이스마엘을 낳은 하가르가 그녀를 괄시하면서, 그 일로 하가르와 사라 사이에 질투극과 주도권 다툼이 끈질기게 이어지게 된 것이다.

냉소의 반전

저렇게 서글픈 인생을 살던 사라는 89세 되던 해에 삼척동자도 코웃음 칠 얘기를 듣는다.

"내년 이때에 내가 반드시 너에게 돌아올 터인데, 그때에는 너의 아내 사라에게 아들이 있을 것이다"(창세 18,10).

하느님의 천사가 아브라함에게 전한 이 말에 사라는 속으로 웃으면서 말하였다.

"이렇게 늙어 버린 나에게 무슨 육정이 일어나랴? 내 주인도 이미 늙은 몸인데"(창세 18,12).

누가 들어도 이는 냉소였다. 하지만 아무도 이의를 제기할 수 없는 코웃음이었다. 이에 하느님의 천사는 사라를 나무란다.

"너무 어려워 주님이 못 할 일이라도 있다는 말이냐?"(창세 18,14)

지당한 말씀이지만, 여전히 사라의 나이 89세는 비난할 수 없는 '불가능'의 핑곗거리가 돼주었다.

그러나! 사라는 이듬해 기어이 임신하여 사내아이를 낳았다. 순간, 절로 탄성이 나왔다.

"하느님께서 나에게 웃음을 가져다주셨구나. 이 소식을 듣는 이마다 나한테 기쁘게 웃어 주겠지"(창세 21,6).

그리하여 그 아이의 이름은 그녀의 고백 '웃어 주겠지'에서 파생된 발음 '이사악'이 되었다. 한마디로, 냉소의 통쾌한 반전이다. 향후 이 아이로 인하여 그녀는 '민족들의 제후'라 불리게 되었으니, 이야말로 신기원적 반전이 아니고 무엇이랴.

사라의 심드렁한 웃음소리는 예나 오늘이나 백번 공감된다.

⌄

킥킥킥.

그게 과연 가능할까?

이 나이에, 이 능력에, 이 형편에….

아무리 신의 전능을 믿는다 해도,

진즉 불가능의 선고로 낙인된 사태는 되돌릴 수 없는 법.

킥킥킥.

바랄 걸 바라고 믿을 걸 믿어야지.

그런데 웬걸. 혹간 들려오는 반전 웃음소리에 우리 눈은 휘둥그
레진다.

호호호.

어떻게 이런 일이?

사람들아, 들어보소.

달거리가 끊긴 지 30년,

허릿심마저 빠져 지팡이를 짚고 다니던,

이 내 자궁에 봄이 찾아왔다오.

아이가 생기고, 열 달 실하게 자라, 우렁차게 세상을 나
왔다오.

호호호.

안 된다, 불가능하다, 끝장이다, 그런 말 하지 마소.

호호호.

당신에게 무슨 일이 일어날지, 그건 아무도 모르는 거요.
아무도!

에사우 /현실주의자

배 속에서부터 불화

자고로 화목하던 형제 사이도 재산문제가 생기면 여지없이 갈라서는 게 인지상정이다. 재벌가들의 형제간 법적 분쟁에 관련된 뉴스(news)는 결코 '새롭지 않은' 소식(not new)이다. 피는 물보다 진하다지만, 재물보다는 약한 모양이다.

성경 속 유명한 쌍둥이 형제 에사우와 야곱! 그들은 엄마 레베카의 배 속에서부터 서로 발길질이었다고 성경은 기록한다(창세 25,22 참조). 태어나기 전부터 뭔가 조짐이 심상치 않다. 레베카가 하느님께 그 까닭을 묻자, 다음과 같은 응답이 내려진다.

"두 겨레가 네 몸에서 나와 갈라지리라. 한 겨레가 다른 겨레보다 강하고 형이 동생을 섬기리라"(창세 25,23).

형이 동생을 섬기리라? 레베카는 이 이야기를 남편 이사악에게 전했을까. 그렇지는 않은 것 같다. 만일 그랬다면, 나중에 언급되는 것처럼, 이사악이 장남 에사우를 편애했을 리 없다.

파파보이와 마마보이

쌍둥이가 태어나자, 아버지 이사악은 큰아들 에사우를 더 좋아했다. 반면 어머니 레베카는 작은아들 야곱을 더 좋아했다.

형 이사악은 아버지가 좋아할 만한 구석이 있었다. 성격이 남성적인 데다, 털이 복슬복슬하고 선이 굵은 터프가이형이었다. 짐작건대, 이사악은 에사우를 볼 때마다 선친 아브라함에게서 들었던 '약속 이야기'가 떠올랐을 터다. 필경 참을 수 없는 신바람에 그것을 장남에게 귀에 박히도록 들려주었을 게다.

"에사우! 네 할아버지가 어떤 분인 줄 아느냐? 하느님께서 할아버지에게 민족들의 아버지가 된다고 하셨어! 땅과 후손을 약속해주셨고, 복의 근원이 되게 해주겠다고 하셨단다. 그 약속 덕에 네 아버지인 내가 할아버지 나이 100살, 할머니 나이 90살에, 기적적으로 태어난 것이지."

"그게 정말이에요?"

"그렇고말고. 네 할아버지가 받은 약속 덕에 네가 보듯이 아버지가 손대는 일마다 번창하고 있단다. 네가 장남이니까 그 축복의 약속을 상속받게 될 거야. 장자권은 네 몫이니까."

알다시피 자신의 탄생 자체가 기적이었던 이사악은, 아버지에 의해 제물로도 묶였다가 구사일생으로 살아난 사람이었다. 이런 드라마틱한 신앙체험을 했던 이사악이었으니 어찌 말하지 않고 배겼으랴.

반면, 어머니 레베카의 마음은 에사우보다 야곱에게로 기울었다. 임신 중 들었던 계시가 아무래도 잊히지 않아서였을 것이다. 그녀 역시 저 약속 이야기를 몰랐을 리 없다. '장자권'이 형 에사우의 것이라는 사실 역시 뒤집을 수 없는 운명임을. 하지만 그녀에게는 하느님의 천기누설이 더 강하게 작용했다. 그래 야곱에게 슬그머니 암시를 주곤 했을 것이다.

"야곱! 태어난 순서로는 에사우가 형이지만, 하느님께서는 너를 할아버지 아브라함이 받은 축복 약속의 상속자로 내정하셨어. 네가 장자권자가 되는 거야. 잊지 말거라, 알았지?"

이랬으니 야곱이 슬슬 '장자권'에 욕심을 키웠을 법도 하다. 게다가 아버지가 형 에사우에게 들려주는 할아버지로부터 대물림된 별난 신앙체험을 그 역시 곁귀로라도 얻어듣지 않았겠는가.

대수롭지 않게 여기다

똑같은 이야기를 들었어도 두 아들의 반응은 딴판이었다. 야곱은 농사꾼의 관점에서 귀담아들었지만, 에사우는 사냥꾼의 견지에서 대충 흘려들었다. 그도 그럴 것이 일반적으로 사람의 가치관은 자신의 직업에 적응하면서 굳어지기 때문이다.

농사꾼의 시간은 '자연의 때'에 맞춰져 있다. 그의 인내지평은 '하늘이 정한 기간'이다. 농사일은 농사꾼 의지대로 하는 것이 아니라 사계절의 변화와 하루의 기상에 순응하며 하는 것이다. 결실 역시 하늘이 정한 기간이 차야 이루어지기 마련이다. 그러기에 농사꾼의 사고방식은 순리적인 것이 당연하다.

반면, 사냥꾼의 시간은 철저하게 '지금'이다. 사냥꾼의 인내지평은 '오늘'이다. 일단 사냥감을 찾아 나섰으면 날이 어둡기 전 '오늘 내'로 잡아야 하는 것이며, 움직이는 먹잇감이 눈앞에 나타났으면 '지금' 포획해야 하는 것이다. 그러기에 그의 사고방식은 의당 현실적일 수밖에 없다.

이 다름은 그대로 아브라함으로부터 아버지 이사악에게 대물림된 약속 말씀에 대한 태도의 차이로 나타났다. 야곱은 인생의 흥망성쇠는 전적으로 하느님의 계획과 섭리에 달려 있음을 믿었다. 반면, 에사우는 그것이 그날그날의 운에 달려 있다고 믿었던 듯하다. 그러기에 야곱은 '장자권'과 '하느님의 축복'에 관심이 많았지만, 에사우는 전혀 그렇지 않았다.

현실주의자 에사우는 먼 미래를 꿈꾸며 살기보다 당장의 것을 추구하였다. 에사우에게는 아브라함이 받은 약속의 상속자가 되기 위한 전제 조건인 순수 혈통도 중요하지 않았다. 그래서 동족이 아닌 이방 여인의 미모에 빠져 그녀를 아내로 맞았다.

그런 에사우였기에 동생 야곱이 불콩죽으로 '장자권'을 사려 했을 때, 그만 홀딱 넘어가고 말았던 것이다. 사냥을 다녀와 허기진 마당에 향신료까지 뿌려진 불콩죽 냄새가 에사우의 코를 자극했다.

"야곱, 이 무슨 맛있는 냄새냐. 불콩죽 아냐. 야, 그거 좀 가져와봐. 배고파 죽겠다."

이에 야곱은 마침 기다렸다는 듯이 '장자권'을 들먹이며 형을 꼬드긴다. 에사우는 임기응변이었지만 자신의 속내를 드러내는 말을 뱉어버리고 만다.

"야, 그까짓 거, 너 다 가져! 됐냐? 됐으면 빨리 불콩죽이나 다오"(창세 25,32-33 참조).

그의 대답은 "야, 인마! 넘볼 걸 넘봐! 그걸 가지고 내가 장자권을 팔아먹을 것 같으냐? 안 돼!"가 아니었다.

성경에는 그 이유가 이렇게 명백히 적혀 있다.

"에사우는 맏아들 권리를 대수롭지 않게 여겼다"(창세 25,34).

이 마음이 모든 것의 화근이었다.

나중에 야곱이 잔꾀를 부려 아버지의 축복 기도마저 가로채고서는 삼촌 라반의 집으로 도주한 이후, 20여 년 애증의 우여곡절을 치러가면서 야곱 집안이 기하급수적으로 번창함에 에사우는 놀라움을 금치 못한다. 아무리 접고 들어가도 그것을 요행수로만 볼 수는 없는 노릇이었다. 그가 통회의 기도 삼아 울렸던 때늦은 깨달음의 탄성은 뼈아픈 잔소리가 되어 후손들 귓가에 빙빙 맴돌지 않았을까.

≫

애들아, 할애비와 애비의 말 띄엄띄엄 듣지 마라.
세월이 흐르니, 일점일획 영락없이 그대로 이뤄지더라.

아가들아, 혹여 은총, 축복, 누가 이런 말 하거들랑,
두말 말고 군침을 삼키거라.
철없는 젊음에 허투루 여겼더니, 두고두고 부러움이 되
더라.
불콩죽 한 그릇 값에 팔아넘겼더니, 철천지 아픔이 되더라.

내가 사랑하는 자녀들아, '말씀이 밥 먹여주냐', '기도가
대수냐'라며
하느님의 약속 말씀을 공허한 것으로 치부하지 말거라.
'쓰잘데기없다'고 일축했더니, 점입가경 경탄의 가관이
되더라.

내 자녀들의 자녀들아!
하늘에서 내린 것이라면 무엇이건 대수롭게 여기거라.
땅에서 솟은 것이라도 무엇이건 대수롭게 여기거라.
보일락 말락 한 끝자락까지, 잡힐 듯 말 듯한 터럭까지
대수롭게 여기거라.
대수롭게 여기면, 대수로운 일이 생기리니.

야곱1 /길 위의 기도

도망자   "죽여버리겠다"(창세 27,41 참조).

     이는 에사우의 입에서 발설된 분노였다. 불콩죽 한 그릇에 '장자권'을 말아먹은 이후, 야곱이 밀가루로 팔에 에사우표 털북숭이를 위장하여 아버지 이사악의 축복까지 가로챘다는 사실을 알게 된 즉시의 반사반응이었다. 짧은 폭발음이었지만, 그 안에는 마그마가 부글부글 끓고도 남았으리라.

    "이 여우같이 교활한 야곱, 장자권을 속아서 판 것도 슬슬 억울한 판인데, 이젠 축복까지 가로채! 내 이놈을 잡기만 해봐라. 죽여버릴 테다!"

    요행히 어머니 레베카의 레이더망에 다혈질 에사우의 울분이 포착된다. 야곱의 편이었던 레베카는 긴급히 이 사실을 전한다.

"야곱, 빨리 튀어! 네 형이 너를 죽인대. 네 형 성격 알지? 당장 하란의 삼촌 집으로 피해!"

워낙에 사냥을 즐긴 나머지 평소 피 흘림에 익숙한 에사우다. 그러니 만일 야곱이 그 자리에서 잡히기만 했다면 결코 칼부림을 면할 길이 없었으리라. 이를 익히 알고 있던 야곱! 그는 즉시 삼촌 라반이 살고 있던 하란으로 줄행랑을 놓는다.

돌베개

졸지에 집을 떠나 길 위의 도망자가 된 야곱! 길은 멀다. 장장 350킬로미터. 며칠을 걸었을까, 어디까지 왔을까. 어느덧 뉘엿뉘엿 해는 지고, 야곱은 사막 그 허허벌판에서 잠을 청해야 했다. 그는 그곳의 돌 하나를 주워 베개 삼아 그 자리에 누웠다(창세 28,11 참조).

돌베개! '돌베개'는 무엇을 뜻하는가? 사람이 아무리 '없이' 여행을 떠나도 옷 보따리에 비상식량쯤은 가지고 다닌다. 그리고 잘 때는 그것을 베고 잔다. '돌베개'는 야곱에게 몸에 지닌 것, 그 흔한 괴나리봇짐도 없었음을 시사한다.

얼마나 급했으면, 아무것도 준비하지 못한 채 도망쳤을까. 불같은 형의 성격을 너무 잘 알았던 것이다. 잡히면 죽는 것이다. 이를 알고서 즉시 튀다시피 해서 여기까지 와보니 축복이고 뭐고 아무것도 없다. 축복은 나중 일이고 살아남는 일이 당장의 문제였다.

허나 피로에 배고픔도 두려움도 모른 채, 졸음이 깊어진다. 잠

결에 하늘에서 사다리가 내려온다. 이 사다리는 하늘에서 땅을 향하여 세워졌다. 땅에서 하늘을 향하여 세워진 것이 아니다. 이런 연유로 지금도 서양에서는 구름 틈새로 햇빛이 비치는 현상을 '야곱의 사다리'라 부른다.

야곱이 꿈속에서 천사들이 땅을 향해 세워진 사다리를 오르락내리락하는 것을 보고 있을 때, 주님께서 하늘에서 몸소 그에게 축복을 약속해주셨다. 꿈에서 깬 야곱은 깨닫는다.

"진정 주님께서 이곳에 계시는데도 나는 그것을 모르고 있었구나. […] 이 얼마나 두려운 곳인가! 이곳은 다름 아닌 하느님의 집이다. 여기가 바로 하늘의 문이로구나"(창세 28,16-17).

위대한 깨달음의 순간이다. 돌베개를 베고 자는 상황은 우리에게도 수시로 발생한다. '의지가지' 하나 없는 상황, 같이 사는 사람에게도 도움을 청하기 어려운 상황은 언제고 들이닥친다. "내가 의지할 것은 돌멩이 하나구나…. 이거 돌베개뿐이구나!"

바로 그 순간이 "여기 주님께서 계셨는데!"를 고백해야 할 때다. 야곱은 별난 사람이 아니다. 단지 하늘을 우러르는 시선을 지녔던 범부일 따름. 그러기에 돌베개를 베고 쓸쓸히 잠을 청해야 하는 처지에로 내몰린 오늘의 인생 나그네들은 '돌베개 탄식'에서 '돌베개 깨달음'을 건져볼 일이다.

나, 노지에서 빈털터리로 잠을 청하네.
괴나리봇짐도 없어, 돌베개에 목을 뉘었네.
배는 쫄쫄거리는데 졸음은 구만 냥, 중력에 맥없이 누웠네.
말도 사치, 생각도 낭만, 힘듦도 외로움도 절망도 모르네.
신의 부재, 하늘의 침묵 앞에서도 두려움을 모르네.

홀연, 화들짝 하고 깨어나네.
꿈속 하늘 사다리, 천사들의 오르내림 그리고 우주보다
더 큰 손의 축복,
생시인 듯 선연하네.

오호라, 내가 몰랐구나!
여기 주님께서 계시는데,
여기가 '하느님의 집'이요 '하늘의 문'인데,
공연히 공황의 나락에 떨어져 망연자실하고 있었구나.
여기, 천지사방 쓸쓸한 적막만 흐르고 있던 여기,
여기가 '두려운 땅'인 줄, 미처 몰랐구나.

'마스터키' 응답　　　거기, 그 '경외의 땅'에, 야곱은 기념
　　　　　　　　　기둥을 세운 후 그곳 이름을 베텔이라
불렀다. 거룩한 장소를 발견하면 이름을 지어주던 당시 관습을

따른 것이다. 베텔이란 '하느님의 집'을 의미한다. 거기서 그는 기도를 바쳤다.

"하느님께서 저와 함께 계시면서 제가 가는 이 길에서 저를 지켜 주시고, 저에게 먹을 양식과 입을 옷을 마련해 주시며, 제가 무사히 아버지 집으로 돌아가게 해 주신다면, 주님께서는 저의 하느님이 되시고, 제가 기념 기둥으로 세운 이 돌은 하느님의 집이 될 것입니다. 그리고 저는 당신께서 주시는 모든 것에서 십분의 일을 당신께 바치겠습니다"(창세 28,20-22).

기도가 다소 장황하면서도 구체적이다. 멀고 황량한 사막 길, 생존마저 보장되지 못한 여정이기에 저런 기도가 나오는 게 당연하다. 십일조까지 들먹였을 만큼, 그의 사정은 절박했다. 기도란 이렇게 하는 것이다. 구체적이면서도 집요하게, 있는 논리 없는 설득 다 동원해야 한다.

그런데! 주님의 응답이 대조적으로 짧았다.

"야곱! 내가 너와 함께하리라"(창세 28,15 참조).

성경에서 기도 응답으로 이러한 하느님의 약속을 받은 경우는 야곱이 첫 번째였다. 후에 이 약속은 이스라엘 백성의 많은 지도자들, 곧 모세, 여호수아, 기드온 등에게도 반복되어 내려진다. 실제로 하느님께서는 '임마누엘' 곧 '우리와 함께 계신 하느님'(이사 7,14 참조)이시다.

인간적인 잔꾀에 하느님께서 내린 지혜까지 지니고 있었던 야곱은 이 짧은 응답 속에 사실상 그가 청한 모든 것이 함께 보장되어 있음을 즉시 알아챘다. 그가 내심 흥분하며 기뻐했을 것은 의심할 나위가 없다.

앗싸, 주님께서 내게 마스터키를 주셨구나.
"내가 너와 함께하리라."
얼쑤, 주님께서 어떤 문제도 풀 만능열쇠를 주셨구나.
내가 너와 함께하리라!
이제로부터 죽는 날까지 내가 청한 모든 것과 내가 청할
모든 것을
이 짧은 한마디에 바리바리 챙겨서 내리셨구나.

야곱2 / 하느님과 겨룬 자

객지 생활 20년   누가 알았으랴, 목숨의 위기를 모면하고
자 잠깐 고향 집을 떠난 야곱이 20년 객
지생활의 신세가 될 줄! 어머니 레베카가 일러준 대로 외삼촌 라
반 집에 당도하여 자초지종을 얘기하니, 일단 대환영이다. 그날부
터 일손을 도우며 한 식솔이 된 야곱은 외삼촌의 두 딸 가운데 동
생 라헬을 더 맘에 들어 한다. 외삼촌에게 정식으로 청하니 7년을
일하는 조건으로 승낙받는다. 꼬박 날수를 채워 드디어 신방을 차
리게 된다.

그런데 웬걸! 첫날밤을 지내고 새벽에 일어나 보니 간밤의 신부
는 언니 레아다. 외삼촌의 해괴한 설득에 야곱은 라헬을 얻기 위
하여 또다시 7년을 뼈 빠지게 일해준다. 결국 14년을 바쳐 라헬을

얻지만, 야곱은 여전히 라반 집 머슴살이를 면치 못한다. 이렇게 또 7년을 살면서 꾀돌이 야곱은 삼촌 라반의 한 수 위 잔꾀에 연신 당하기만 한다.

어쩌면 이는 하느님께서 손수 주도하신 계획이었는지도 모른다. 아니, 틀림없이 이는 정의로운 하느님께서 정해놓으신 '보속'의 절차였다고 봐야 할 것이다.

야곱에게는 혹독한 보속이 필요했다. 야곱이 에사우를 꾀어 불콩죽을 주고 장자권을 산 것은 둘의 '합의'에 의한 것이었으니 그렇다 치더라도, 아버지 이사악까지 속이면서 에사우에게 갈 축복을 가로챈 것은 그대로 넘길 수 없는 일이었던 것이다. 그러기에 하느님께서는 야곱으로 하여금 20여 년 동안 라반의 잔꾀에 치가 떨리도록 시달리게 했던 것이다. 꾀에는 꾀로 당하는 보속, 사기에는 사기로 당하는 보속! 그 통한이 깊어질수록, 똑같은 치사함으로 자신에게 당했던 형 에사우의 심정에 대한 공감도 깊어가지 않았겠는가.

말이 20년이지 야곱은 그 타향살이의 서러움을 밤마다 기도로 달래지 않았을까.

☰

의로움이신 주님, 제 억울함을 굽어보소서.
7년에 7년에 7년, 해도 해도 이건 잔인합니다.
외삼촌이 되어가지고 잔꾀를 부리다뇨.

장인이라는 사람이 사기를 치다뇨.
병아리 같은 애들의 할애비가 착취를 하다뇨.
의로우신 주님, 제 분을 풀어주소서.

의로움이신 주님, 문득 형 에사우가 그립습니다.
7년에 7년에 7년, 그것도 제겐 쌉니다.
살펴보니, 저는 잔꾀로 장자권을 빼앗은 놈!
짚어보니, 저는 사기로 아버지 축복마저 가로챈 놈!
돌아보니, 저는 외삼촌보다 더한 놈!
의로우신 주님, 제 형 에사우에게 장자권보다 더 큰 은총을
내려주시고,
아버지의 축복보다 더 큰 풍요를 베풀어주소서. 아멘.

드디어 귀향길

타향살이 20여 년, 이제 야곱은 삼촌 집 더부살이를 청산할 때가 되었다. 그는 귀향을 결심한다. 자신이 이렇게 자수성가한 사실을 안다면 부모님은 얼마나 기뻐하실까. 그는 설레었다. 하지만 그것도 잠시, 그의 귓가에 한참 잊고 있었던 소리가 환청처럼 들렸다. "내 이놈을 죽여버리리라!"

에사우의 그 불뚝 성질은 좀 누그러졌을까? 그는 내심 몹시 두려웠다. 하여 그는 형 에사우의 심경도 살피고 화해도 꾀할 겸, 먼저 선발대를 보내어 에사우에게 다음과 같은 전갈을 전하게 한다.

"동생께서 크게 성공하셨습니다. 아주 큰 부자가 되셨습니다. 안부를 물으십니다. 형님께 다시 돌아오기를 원하십니다"(창세 32,5-6 참조).

이에 에사우는 군사 400명을 거느리고 마중을 나온다. 그런데 이것이 과연 마중 나오는 모양새인가? 그 소식을 듣고 야곱이 잔뜩 당황한다. "군사 400명이라! 아니 도대체 나를 반기러 오는 거야, 아니면 나를 잡으러 오는 거야?"

걱정으로 마음이 산란해진 야곱은 있는 지혜를 총동원한다. 일단 야곱은 패를 가른다. "반씩 양쪽으로 갈라라. 이쪽을 치면 이쪽이 도망가고, 저쪽을 치면 저쪽이 도망가라."

그러고는 그 상황에서 그가 할 수 있는 모든 방법을 동원한다.

용서를 얻기 위한 총동원 노력

야곱이 형 에사우와의 평화로운 재회를 위하여 꾀한 노력은 오늘 우리에게도 교과서적인 영감을 제공한다. 하나하나 짚어가면서 배워보자.

첫째, 야곱은 무엇보다도 먼저 집요하게 기도에 매달렸다. 이는 이번 묵상의 중심축이므로, 마무리 대목에서 다시 파고들어갈 것이다.

둘째, 인간적인 방법을 총동원했다.

야곱은 우선, 자신이 벌어놓은 모든 것을 추려 선물을 준비한다. 야곱은 인편으로 선물을 보내며 에사우에게 바치게 한다. 야곱은 고단수였다. 그는 선물이라는 시각 효과에다 시차 효과까지 보탰다. 즉, 한꺼번에 주는 게 아니라 1진, 2진, 3진으로 연신 나아가 전달하여, 에사우의 분노를 단계적으로 완화시키는 방법을 썼다. 선물꾸러미를 가지고 가되, 매번 다음의 말을 꼭 하게 했다.

"이것들은 나리의 종 야곱의 것인데, 주인이신 에사우께 보내는 선물입니다. 야곱도 저희 뒤에 오고 있습니다"(창세 32,19).

이 이야기를 들은 에사우의 반응은 어땠을까.

셋째, 자존심을 버리고 자세를 낮췄다.

재회의 대단원에 이르러, 아주 재미있는 장면이 연출된다. 야곱이 일곱 번 땅에 엎드려 절하면서 형에게 나아가서는, 자신을 '못난 종'이라고 거듭 낮춘다. 자식들을 형에게 다 인사시키고, 마지막으로 선물을 주고 나서, 형 얼굴을 보고 하는 얘기가 걸작이다.

"형님 얼굴 쳐다보니 하느님을 뵙는 것 같습니다"(창세 33,10 참조).

거의 "성은이 망극하나이다" 급이다. 이는 잔꾀에서 나온 임기응변이 아니었다. 지난 20여 년간 성찰과 통회를 하며 마음에 쌓아두었던 그리움의 표출이었다.

이렇게 해서 야곱의 진정성이 전달되었다. 마침내 형 에사우의 마음은 완전히 누그러져 야곱 일가를 환영한다. 야곱의 집요했던 노력이 이윽고 결실을 보게 된 것이다.

부러진 엉덩이뼈

형의 용서를 얻어내기 위해 야곱이 가장 먼저 취한 조치는 기도였다. 그는 축복받은 조상들의 이름을 팔며 하느님께 간청한다. "저의 아버지 아브라함의 하느님, 이사악의 하느님! 제가 라반의 집에 갈 때는 지팡이 하나 짚고 갔습니다. 그런데 이렇게 부자가 되도록 이끌어 주셨으니 에사우의 손에서 저를 구해주십시오!"(창세 32,10-13 참조)

이렇게 기도하고서, 식솔 대부대를 인솔하며 귀향길 장도에 올랐지만, 에사우의 광포한 복수극에 대한 상상으로 불안이 가시질 않는다.

야곱은 다른 것은 다 잃어도 '장자권' 하나만은 끝까지 보장받고 싶었다. 당장 하느님의 약속이 필요했다. 그래서 그는 야뽁 강 나루터에 홀로 남았다. 다시 죽기 살기로 기도할 요량이었다. 야곱은 밤새도록 천사와 씨름하다 엉덩이뼈를 차여 다치고 만다. 그래도 그는 끝까지 천사를 붙들고 늘어진다.

"저에게 축복을 빌어주기 전에는 못 놓습니다!"(창세 32,27 참조)

여기서 '축복'은 다른 게 아니라 '장자권 보장'이다. 그 밖에 무엇이 더 필요했겠는가. 결국, 야곱은 축복의 약속을 받아냈다.

에사우의 용서를 받아내는 데도 부러진 엉덩이뼈가 한몫 단단히 했다. 엉덩이뼈를 치신 것은 하느님의 묘수였다. 본래 엉덩이뼈는 절대 안 부러진다. 안 부러지는 것을 다치게 했다는 것은 우발적 결과가 아니라 일부러 그러셨음을 말해준다.

다리를 질질 끌면서 불쌍한 꼴로 다가오는 동생 야곱을 보는 순간, 형 에사우에게 돌연 형제애가 발동되지 않았겠는가.

"야! 누가 그랬어? 어느 놈이 그랬어?"

"형, 형을 만나기가 두려워서, 기도하다가 이렇게 되었어. 형, 내가 잘못했어. 용서해줘. 살려줘."

"야, 야, 야! 뭘 그렇게 두려워하냐? 내가 니 형인데. 지난 일은 잊어버려. 앞으로 잘하면 되지 뭐."

이렇게 화해가 된다. 또한 그 결과 장자권은 야곱의 것으로 굳혀진다. 집요함의 영성으로 잡은 두 마리 토끼! 얼마나 기막힌 축복인가. 그날 밤 잠자리에 들기 전, 야곱이 눈물을 흘리며 바쳤던 기도는 형제간 불화로 고뇌하는 모든 이들의 소망이 아닐까.

⌄

내 생애 첫 경험, 하염없이 흐르는 이 눈물,
방울마다 감사요 줄기마다 찬미입니다.
복수심으로 이를 갈던 형의 증오가 순식간에 연민으로
바뀌다뇨.
살기(殺氣) 서늘했던 에사우의 눈빛이 돌연 동정의 시선이
되다뇨.
20여 년간의 중압, 죽음의 두려움을 찰나에 바순 것은
어처구니없게도 부러진 엉덩이뼈.
아—아, 밤낮 제 비명이었던 그것이 주님의 절묘한 한 수
였다뇨.
그리하여 차라리 단념이었던 화해를 꿈처럼 이뤄주시다뇨.

물밀듯이 뇌리를 덮치는 그날 그때의 기억.
처절하게 두려운 칠흑 속에서 몸서리쳐지는 고독으로,
외골수 꿇은 무릎으로 하늘 축복만 기다리는데,
홀연 주님께서 보내신 천사의 옷깃이 잡혔었지요.
생땀 진액이 줄줄인 미끄러운 손으로 사력을 다해 움켜
쥐었지요.
놔라-못 놓습니다, 놔라-복을 빌어주시면, 그만 놓으라니
깐-장자권 보장해주시면….
실랑이를 벌이는데, 엉덩이뼈가 으지직! 통증도 몰랐지요.
그 덕에 **'이스라엘', 하느님과 겨룬 자**란 명예의 이름까지
얻었지요.
옷가지로 싸매고 질질 옮긴 발걸음은 고통과 두려움의
귀로였지요.
허허, 그 고통이 그 끈질긴 존재감 '두려움'의 답이었다뇨.
그리하여 아슬했던 장자권을 영원히 봉인해주시다뇨.

나의 하느님, 나의 하느님.
주님 지혜의 높으심에, 저는 그저 엎디어 감읍하나이다.
주님 지혜의 자비로우심에, 저는 마냥 눈물만 쏟나이다.
아멘!

요셉 / 궁극의 낙관론자

롤러코스터 인생　　　성경 속 인물 중 요셉만큼 오르막과 내
리막이 극적으로 교차된 인생을 산 이
도 없을 것이다. 요셉의 우여곡절은 야곱이 요셉을 편애하면서 시
작된다. 야곱에게는 레아가 낳아준 열 명의 아들과 라헬이 낳아준
두 명의 아들이 있었다. 야곱은 그들 중 자신이 더 사랑하던 여인
라헬이 낳아준 첫아들 요셉을 애지중지하였다. 한마디로 요셉은
부모의 응석받이요 사랑둥이였다.

　형들 눈에는 그게 좋아 보일 리 없었다. 그랬는데 요셉은 눈치
도 없이 웬 꿈 얘길 해대며 그들의 속을 뒤집어 났다.

　"내가 꾼 이 꿈 이야기를 들어 보셔요. 우리가 밭 한가운데에서
곡식 단을 묶고 있었어요. 그런데 내 곡식단이 일어나 우뚝 서고,
형들의 곡식 단들은 빙 둘러서서 내 곡식 단에게 큰절을 하였답

니다. 〔…〕 내가 또 꿈을 꾸었는데, 해와 달과 별 열한 개가 나에게 큰절을 하더군요"(창세 37,6–7.9).

어느 형이 동생의 이런 말을 듣고 가만히 있을 수 있겠는가. 형들은 입을 모아 잔뜩 별러댄다. "저런 버르장머리 없는 놈. 아버지만 나타나면 요사를 떠는군. 게다가 요상한 꿈 얘기나 떠벌리고! 저 녀석만 없으면 우리 세상인데 말야…."

형들은 결국 요셉을 사지, 곧 광야의 구덩이에 던져 미디안 상인들의 손을 거쳐 인신매매의 제물이 되게 한다.

그리하여 요셉은 이집트까지 끌려가 왕실 경호대장인 포티파르의 종이 되어 그의 집에서 일하게 된다. 그런데 요셉에게는 한 가지 문제가 있었다. 그는 꽃미남이었다! 포티파르의 아내가 그를 그냥 내버려두질 않는다. 그녀의 유혹을 끝까지 거절하던 요셉은 오히려 괘씸죄에 걸려 '겁탈 미수'라는 죄목으로 감옥에 간다. 좋을 만하면 내쫓기고, 풀릴 만하면 꼬이는 기구한 운명!

다시 전화위복의 기회가 찾아온다. 요셉은 옥중에서 두 관원의 꿈을 풀어준 것을 계기로, 임금 파라오의 꿈을 해석하게 된다. 7년 풍년 후, 7년 흉년이 될 것과 그 대책까지 알림으로써 요셉은 파라오의 큰 신임을 얻게 된다. 그리하여 요셉은 국무총리가 된다. 요셉의 나이 30세 때였다.

용서의 기술　　　섭리는 묘하다. 못 만날 인연은 지척에서도 못 만나고, 만날 인연은 타향 무연고지에서도 만난다. 7년 풍년 후, 7년 기근이 가나안 땅에도 찾아왔을 때, "온 세상은 요셉에게 곡식을 사려고 이집트로 몰려들었다"(창세 41,57). 요셉의 형들도 이집트로 양식을 사러 왔다. 요셉은 단박에 형들을 알아볼 수 있었다.

재회의 순간부터 요셉은 형들을 용서하기로 작정했다. 그래야 아버지와 막냇동생도 편한 마음으로 만날 것 아닌가. 그런데 그냥 용서해줄 수는 없었다. 여기서부터 요셉 표 용서의 기술이 발휘된다.

첫째로, 죄의 시인을 유도한다.

요셉은 먼저 형들에게 첩자의 누명을 씌우고 사흘 동안 가둬둔다. 그러면서 그들을 계속 다그치자, 자기들끼리 수군덕대는 가운데 지난날의 죄를 시인하는 말이 나온다. "그래, 우리가 아우의 일로 죗값을 받는 것이 틀림없어. 〔…〕 그래서 이제 이런 괴로움이 우리에게 닥친 거야"(창세 42,21). 죄의식의 표출! 요셉이 고대하던 바였다.

둘째로, 뉘우침과 보속의 과정을 밟게 한다.

요셉은 형들 가운데 시몬을 인질로 잡아놓고 자신과 같이 어머니 라헬에게서 태어난 친동생 벤야민을 데려오게 한다. 이어 아버지 야곱까지 만나고 싶은 속셈에서 벤야민을 '은잔' 도둑으로 모는 자작극을 꾸민다. 형들은 이를 해명하는 과정에서 '죄'를 뉘우치는 발언을 한다. "저희가 나리께 무어라 아뢰겠습니까? 무어라 여쭙겠습니까? 또 무어라 변명하겠습니까? 하느님께서 이 종들의 죄를 밝혀내셨습니다. 이제 저희는 나리의 종입니다"(창세 44,16). 여기서 '뉘우침'과 '보속'의 다짐이 드러난다. 이 과정을 요셉은 꼬박 확인한다.

셋째로, 대속(代贖)의 형제애를 이끌어낸다.

대화가 이어지는 가운데 요셉은 다른 형제들은 필요 없고 벤야민만을 '종'으로 원한다고 말한다. 이에 형 유다는 이렇게 말한다. "내가 대신하겠습니다"(창세 44,33 참조). 이는 대속의 요소다. 곧 자신의 희생으로 동생의 죗값을 치르겠다는 자발적인 발언이다.

결과적으로 형제애가 회복되는 것을 지켜본 후에야, 요셉은 형들에게 자신의 신원을 공개하며 용서의 선언을 한다.

"내가 사실은 요셉입니다. 사실 하느님께서 우리가 굶어 죽지 않게 하시려고 나를 이곳에 미리 보내셨음이 틀림없습니다. 나를 이곳에 보낸 것은 형님들이 아니라 하느님이십니다"(창세 45,3-8 참조).

거듭 말하지만, 요셉은 용서라는 말을 늦게 했을 따름이지, 이미 그의 마음은 용서한 상태였다. 이 속내를 드러내는 과정이 필요했을 뿐이다. 그리고 이 지혜는 요셉 자신은 눈치채지 못했을지 모르겠지만 성령으로부터 온 신령한 영감이었다.

악을 선으로 바꾸시는 분

젊은 나이에 오달지게 삶의 굴곡을 겪은 요셉! 그는 '혹시나' 하고 요셉의 뒤끝을 두려워하고 있는 형들에게 의미심장한 고백을 전한다.

"형님들은 나에게 악을 꾸몄지만, 하느님께서는 그것을 선으로 바꾸셨습니다. 그것은 오늘 그분께서 이루신 것처럼, 큰 백성을 살리시려는 것이었습니다"(창세 50,19-20).

이는 창세기 전체의 고백이기도 하다. 이런 일은 우리 삶에서도 나타난다. 우리의 삶 가운데에 억울한 일, 잘 안 풀리는 일 등 이 모든 것을 종합해 보면 하느님께서 좋은 일을 하시기 위한 과정이었다는 것을 알 수 있다. 이는 우리 그리스도인 모두의 요지부동 믿음이 되어야 한다. 삶의 고비마다 우격다짐으로 바쳤을 요셉의 기도가 우리에게 든든한 응원이 되어주리니.

⌃

아브라함의 하느님, 이사악의 하느님, 제 아버지 야곱의 하느님!

속죄합니다.

아버지의 응석받이, 그 거만함에 저는 기고만장 안하무인이었습니다.

꿈속 곡식 짚단 굽실대는 흥분에, 그만 입방정을 떨었습니다.

자랑 끝에, 형들 눈에 미운털 박혔습니다.

인신매매도 불사하는 증오만 샀습니다.

좋은 시절이 삽시간에 지옥으로 바뀌었습니다.

되짚어 보니 모두가 제 탓입니다.

용서하소서.

나의 주님, 나의 하느님.

괴롭습니다.

혈혈단신 타향살이의 설움보다 더 괴로운 건 밤마다 나타
나는 가위눌림.

"요놈 사랑둥이에 꿈장이, 아버지 없는 세상에서 그 잘난
꿈 얘기나 실컷 하라지!"

형들의 조롱과 레이저 눈빛 분노에 짓눌리는 악몽으로,
밤마다 이불이 적셔집니다.

저를 구해주소서.

나의 주님, 나의 하느님.

믿습니다.

저는 꿈을 믿습니다. 주님께서 보여주셨던 비전을 믿습
니다.

형들의 조롱이 찬사로, 분노의 시선이 감사의 시선으로
바뀔 그날이,

기어이 올 것을 믿습니다.

그들이 꾀한 악이 선으로 둔갑할 것을 믿습니다.

주님께서 저와 함께하시는 한, 저는 어떤 곤경도 견뎌낼
것입니다.

마침내 꿈속 주님의 뜻이 이루어지는 것을 보고야 말 것
입니다. 할렐루야, 아멘!

욥 / 비탄의 인간

비극과 통회의 지평　　본디 욥은 하느님 마음에 쏙 드는 의인이었다. 그런 그에게 상상할 수 없는 시련이 엎친 데 덮친 격으로 밀려온다. 상지(上智)의 하느님께서 욥의 의로움을 시기하여 그를 궤멸시키려는 사탄의 공격을 용인하신 것이었다.

"주님께서 사탄에게 이르셨다. '좋다, 그의 모든 소유를 네 손에 넘긴다. 다만 그에게는 손을 대지 마라'"(욥 1,12).

이렇게 해서 의인으로 소문났던 욥은 비참한 연쇄적 몰락에로 곤두박질한다. 이 소식을 들은 친구들은 위로차 그를 찾아오지만, 참혹한 몰골 앞에 어떤 위로도 주지 못한다. 차라리 침묵으로 지켜만 볼 뿐(욥 2,13 참조).

보다 못한 친구들이 그를 도울 양으로 한마디씩 훈수한다.

"생각해 보게나, 죄 없는 이 누가 멸망하였는가? 〔…〕 환난이 흙에서 나올 리 없고 재앙이 땅에서 솟을 리 없다네"(욥 4,7; 5,6).

이는 친구 엘리파즈의 첫 번째 조언이었지만, 다른 친구 빌닷과 초파르 역시 이와 다르지 않은 논리를 편다. 우리네 쓰는 말로 '자업자득', '업보'라는 논리다. 그러니 하느님 앞에 죄를 이실직고하며 통회하고 행실을 바로잡으라는 권고였던 셈이다.

이에 대해 욥은 수미일관하게 자신의 결백, 곧 의로움을 주장한다.

"나는 거룩하신 분의 말씀을 어기지 않았으니 〔…〕 내가 입을 다물겠네. 내가 무엇을 잘못하였는지 깨우쳐 보게나"(욥 6,10.24).

욥의 고집스러운 항변에, 친구들은 돌아가며 마치 심문하듯이 가능한 죄목을 구체적으로 열거하며 숨은 허물과 죄를 시인하기를 종용한다. 하다못해 자식들과 조상들의 죗값까지 나열된다. 하지만 욥은 자신의 의로움에 대해선 요지부동의 확신이 있었다. 이렇게 반복되는 공방전은 서로의 의분을 자극하면서 점입가경이 된다.

그러나 가만히 뜯어보면 결국 똑같은 논리의 틀을 벗어나지 못하고 있다. 바로 상선벌악(賞善罰惡)의 고정관념이다. 성찰을 돕는 답시고 온갖 지혜를 동원한 친구들의 공세도 한결같이 상선벌악의 논조였고, 이에 대한 욥의 변론 역시 "이런 참혹한 비극을 당할 만큼 벌 받을 짓 한 적 없다"는 변론이었다.

하지만! 결론부에 이르러 터진 깨달음은 그 틀을 깨는 것이었다. 고통의 의미에 관한 한, 친구들의 면박에도 욥의 항변에도 답은 없었다. 인간이 겪는 고통의 뜻은 대체로 인간이 생각하는 절대기준 '상선벌악'에서 찾아지지만,

"그 너머의 의미도 있다!"

이것이 욥기의 결론인 것이다. 이는 욥에게 내린 하느님의 질책을 통해서 암시되고 있다.

"지각없는 말로 내 뜻을 어둡게 하는 이자는 누구냐? […] 네가 그렇게 잘 알거든 말해 보아라"(욥 38,2.4).

이윽고 욥은 "죄 없는 자에게 왜 이 고통이?"라며 상선벌악의 논리로 따져 물었던 자신의 항소에 결정적인 한계가 있었음을 깨닫고 시인한다.

"당신께서는 '지각없이 내 뜻을 가리는 이자는 누구냐?' 하셨습니다. **그렇습니다, 저에게는 너무나 신비로워 알지 못하는 일들을 저는 이해하지도 못한 채 지껄였습니다**"(욥 42,3).

이 고백은 그로부터 수천 년이 족히 흐른 오늘에도 여전히 유효하다. 아니, 더욱 절실하다. 이 사실조차 깨닫지 못한 채, 자신이 겪는 부당한 고통에 대해 하늘을 원망하고 의분을 품고 있는 것이 어쩌면 우리의 자화상일지도 모를 일이니.

고통의 의미

욥은 뒤늦게 깨달았다. 그는 흥분을 수습하며 고백한다.

"당신에 대하여 귀로만 들어 왔던 이 몸, 이제는 제 눈이 당신을 뵈었습니다. 그래서 저 자신을 부끄럽게 여기며 먼지와 잿더미에 앉아 참회합니다"(욥 42,5-6).

욥이 참회한 것은 '악행'이 아니라 말의 짧음, 곧 생각의 얕음이었다. 고통의 의미는 결국 인간의 짧은 생각으로는 두루 헤아릴 수 없다는 것! 상식의 성찰을 무시할 수 없으되, 그 너머의 의미에 생각을 열어두어야 한다는 것! 하느님의 지혜는 측량할 수 없이 높다는 것! 대단원에 이르러, 욥의 이 뉘우침에 하느님의 더 큰 축복이 임한다.

욥의 깨달음은 어디까지 미쳤을까? 하나는 확실하다. 욥은 뼈저린 고통을 겪고 나서야 하느님이 어떤 분인지 깨달았다. '뵈었다'는 말은 이 체험을 가리킨다. 이때껏 욥은 풍문으로만 들어 하느님을 객관적인 '그분'으로만 알고 있었다. 하지만 이제는 '나의 하느님', 곧 욥의 하느님이시다.

욥의 깨달음! 그 연장선상에서 신앙의 선조들이 깨달은 고통의 의미는 다음의 세 가지로 드러난다.

첫째, 견책의 의미다. 이는 신앙인이 잘못이나 죄에 빠졌을 경우 그것을 바로잡아주시기 위해 하느님께서 허락하시는 고통이다. "주님께서는 사랑하시는 이를 훈육하시고 아들로 인정하시는 모든 이를 채찍질하신다"(히브 12,6)고 했다. "그들은 환난 속에서 나를 찾으리라"(호세 5,15) 하신 말씀처럼, 이런 고통은 궁극적으로 다시 하느님을 찾게 해준다.

둘째, 시련의 의미다. "그것은 너희를 낮추시고, 너희가 당신의 계명을 지키는지 지키지 않는지 너희 마음속을 알아보시려고 너희를 시험하신 것이다"(신명 8,2) 하신 말씀처럼, 고통은 시험을 위해서도 주어진다. 이런 고통은 결과적으로 믿음의 성장을 가져다준다.

셋째, 구원을 위한 대속의 의미다(이사 53,5-6 참조). 대속적인 고통은 예수 그리스도에게서 그 절정을 이룬다. "그분께서는 우리의 죄를 당신의 몸에 친히 지시고 십자 나무에 달리시어, 죄에서는 죽은 우리가 의로움을 위하여 살게 해 주셨습니다. 그분의 상처로 여러분은 병이 나았습니다"(1베드 2,24). 이런 고통은 우리에게 구원을 가져다준다.

세 가지를 열거했지만, 이 역시 전부가 아니다. 여전히 미지의 의미 지대가 있다. 그 지대를 향하여 우리는 이 시대의 욥이 되어 고통의 골짜기에서 밤마다 부르짖어야 할지도 모른다.

왜? 왜? 왜?
숱한 밤을 꼬박 새우며, 소리조차 나지 않는 탄식으로 물었습니다.

목불인견! 왜 이토록 끔찍한 토네이도급 연속참사가 죄 없는 내게?

속수무책! 왜 이 감당할 수 없는 천형(天刑)의 수모가 무죄한 내게?

단말마! 왜 이 구더기 고름 파먹는 고통의 극치가 하필 내게?

왜? 왜? 왜?

침묵 속에서 흑야를 헤치고 소리 없는 음성이 들려왔습니다.

왜 너는 너에게서 비롯한 부조리의 까닭을 내게 묻느냐?

왜 너는 종재기만 한 이해의 그릇으로 하늘스러운 뜻을 담으려느냐?

왜 너는 절망하느냐? 깨달으라, 힘내라, 견뎌라!

네가 모르는 뜻이 영글어 네 앞에 보람으로 나타날 때까지.

내밀한 속삭임이 하도 반가워 속뜻도 모르는 채,

주룩주룩 환희의 눈물만 흘렸습니다.

그분을 뵙다니, 지엄하신 그분 자비의 현존을 내 눈으로 접하다니.

터트려주시다니, 내 답답한 다람쥐 쳇바퀴 생각의 궁굴

림을 트여주시다니.

포옹해주시다니, 내 실존 모든 것에 새살 돋게 할 그 영험

한 터치로 나를 어루만져주시다니.

돌연 제 입술은 중얼거릴 뿐.

그랬구나, 그런 것이로구나, 그럴 것이로구나.

그들 속의 우리

모세
이스라엘 백성
야훼
오늘 우리

모세1 / 키워진 인물

고센 정착 400년 후　　모세가 주도한 엑소더스! 이른바 이집트 탈출 사건은 람세스 2세의 치세 때인 기원전 1250년경이라는 견해가 우세하다. 야곱의 자손 70여 명이 요셉 덕택에 이집트 땅 고센 지방에 정착한 지 어언 400년이 흐른 뒤였다.

　야곱의 가족 공동체는 정착 이후 세월의 흐름과 함께 점차 부족 공동체를 넘어 민족 공동체로 성장하게 된다. 역사학자들의 견해처럼, 이 고센 땅이 이스라엘 백성들에게는 인큐베이터 역할을 한 셈이다. 결과적으로 모세가 이스라엘 민족을 이끌고 나올 때는 400만에 가까운 대인구가 된다.

　그러자 이집트 왕은 군사적 · 정치적으로 위협을 느껴 불안해지기 시작한다. 그리하여 이스라엘 민족에게 강제 노역, 출산 시 남아 사산 그리고 영아 살해 이렇게 세 가지를 명령한다(탈출 1,11-22 참조).

역사의 아이러니? 이스라엘 사람들에게 본디 피신의 장소였다가, 졸지에 박해와 죽음의 장소가 돼버린 이집트! 그 상황에서 모세가 출생한다.

양성 기간 장장 80년

하느님께서 하시는 일이 어련하랴. 모세는 치밀한 하느님의 섭리로 키워진 인물이다. 그것도 이집트 궁중에서 40년, 미디안 광야에서 40년, 합하여 장장 80년간.

먼저, 하느님께서는 호랑이를 잡기 위하여 호랑이 굴에서 인물을 키우는 순서를 밟으신다. 이집트 권력을 거슬러 대탈출극을 벌이려면, 이집트 궁중 사정에 빠삭한 인물을 키워야 한다! 이런 신적 안목에서 모세는 엄마 태중에서부터 간택되었다.

그의 부모 아므람과 요케벳(탈출 6,20 참조)은 갓 태어난 모세의 운명을 담대하게 하느님 자비에 맡기고, 그를 몰래 집안에서 키운다. 하지만 석 달이 지나면서 아이 울음소리가 커지기 시작하자, 할 수 없이 그를 '왕골상자'에 넣어 강물에 띄우게 된다. 그때 마침 파라오의 딸이 강가에 나왔다가 모세를 발견한다. 공주는 첫눈에 그를 데려다 키우고 싶어 한다. 이 광경을 숨어서 쭉 지켜보던 아기의 누이 미르얌은 공주에게 다가가 아기의 유모로 엄마 요케벳을 소개한다. 모세는 버젓이 히브리 엄마 품에서 가장 중요한 유아기를 보내게 된다. 짧았지만, 이 시기는 모세에게 자신이 히브리(이스라엘)인 핏줄임을 각인시켜준 시기였다.

어쨌든, 젖을 뗀 모세는 이집트의 궁중교육(탈출 2,6-10; 사도 7,22-23 참조)과 궁중생활로 나이 40에 이른다. 이 역시 훗날을 위한 하느님의 포석이었다.

다음으로, 하느님께서는 모세에게 또 40년간 광야 목자 생활을 경험케 하신다.

경위는 이렇다. 이제 모세는 겉으로 볼 때 영락없는 이집트인이었다. 하지만 모세는 이집트 관리가 히브리인 동포를 때리는 것을 보고 민족적 분노를 느껴 그를 때려죽인다. 그런데 그다음 날 이스라엘 사람들끼리 서로 싸우는 현장에서 뜯어말리다가, 외려 자신이 이집트 관리를 죽인 사실이 탄로 난다. 이에 그는 곧바로 미디안으로 도망친다. 모세는 그곳에서 또 40년 동안 양을 치는 목자 생활을 하게 된 것이다.

하느님께서는 공연히 움직이지 않으신다. 이렇게 사태를 몰고 가신 것도 그것이 나중에 다 쓰임새가 있어서였다. 사막 지대에서의 양치기 체험이 그대로 영도자에게 필요한 덕목이기에.

기념비적 소명

그로써 영원히 기억될 역사의 한 획이 그어졌으니, 모세의 소명은 가히 기념비적이라 부를 만하다. 그에 어울릴 만큼 부르심의 과정도 극적이었다.

광야 생활 40년이 족히 흐른 어느 날! 호렙 산, 곧 시나이 산에서 양 떼를 몰던 중, 모세는 희한한 현상을 목도한다. "주님의 천사가 떨기나무 한가운데로부터 솟아오르는 불꽃 속에서 그에게 나타났다"(탈출 3,2).

불은 타고 있는데 어째서 연기가 나지 않을까? 호기심에 가까이 다가갔더니 웬 음성이 들린다. "이리 가까이 오지 마라. 네가 서 있는 곳은 거룩한 땅이니, 네 발에서 신을 벗어라"(탈출 3,5). 이리하여 모세는 신을 벗고 하느님의 역사적 명령을 듣는다.

"내 백성 이스라엘 자손들을 이집트에서 이끌어 내어라"(탈출 3,10).

난데없는 부르심에 모세는 당황스럽기만 하다. 그는 결과적으로 세 번 사양한다. 이유는 자격 및 능력에 대한 회의다. 지엄한 부르심을 거슬러 모세가 늘어놓았을 자격지심의 장타령은 되레 어딘지 고혹스럽게만 들린다.

"제가 무엇이라고 감히"(탈출 3,11) 그 엄청난 일을?
불초 소생은 진즉 나이 80을 넘겨 힘 빠진 늙은이.
자격이라곤 오직 제 몸속을 흐르는 히브리인의 피뿐.
비록 이집트 궁중에서 40년을 살았지만,
지금은 살인자요 도망자의 신세!

궁중의 사치를 내팽개치고 들어선 광야 40년,
호락호락하지 않았습니다.

하루에도 엄청난 고뇌와 번민 속에서
좌로 갔다가 우로 갔다가,
앉았다 일어섰다,
울었다가 웃었다가….

지금 제 공식 직함은 고작 광야의 양치기.
묵언의 세월로 혀가 굳어 어눌한 말투에,
불의를 못 참던 불뚝 성질도 비정한 자연의 법칙에 길들어,
할 줄 아는 것이라곤 인내와 기다림과 순응!
팔딱거리던 맥박도 40년의 지리함에 느려지고 늘어져,
희로애락 그 잽싸던 반응도 하릴없이 무뎌져,
하루하루 그저 무덤덤히 사는 사막의 촌부이올습니다.

아 참! 그 드넓은 모래땅 헤매고 누빈 덕에 절로 익혀진 것
쬐끔 있습죠.
산세를 읽고, 땅속 물길을 보고, 피부 촉감으로 일기를
예단하고,
하늘의 떼구름 정세를 감 잡고, 그리하여 하늘님 속마음을
헤아리고….

그리고 또 하나 부끄러운 자랑이지만, 양 떼의 동태엔
빠끔이입죠.

척 하면 전체 무리가 한눈에 들어오고,

쓱 보면 다리 저는 놈, 위험에 빠진 놈, 제 성미에 뿔난 놈이
보이고,

눈 맞으면 그놈들 나이가 헤아려지고,

소리만 들어도 배고픈 놈 목마른 놈이 구별되고,

눈 감으면 어디론가 사라진 놈 빈자리가 보이고….

모세 그는 알았을까? 자신이 영도자로서 자질 부족을 입증하려
고 넋두리 삼아 늘어놓은 목가적 면면이 실상 하느님 눈에는 둘도
없는 자격 조건들이었음을.

모세2/불세출의 리더

카리스마의 비밀　모세는 이스라엘의 역사에서 가장 우뚝한 인물이다. 그는 어느 특정 범주에 갇히지 않는 멀티플레이어형 영도자였다. 그는 본디 레위인들의 사제 가문에 속하였지만(탈출 2,1 참조), 예언자이자(신명 34,10 참조) 입법자요 판관(사도 6,14 참조), 곧 영도자로서 이스라엘 백성을 약속된 땅까지 인도하는 역할을 했다.

요즈음으로 치면, 입법 · 사법 · 행정 3권을 관장했을 뿐 아니라 종교적 리더십까지 행사했던 셈이다.

후대 역사가들은 그의 독보성을 이렇게 축약한다.

"이스라엘에는 모세와 같은 예언자가 다시는 일어나지 않았다. 그는 주님께서 얼굴을 마주 보고 사귀시던 사람이다. 주님께서 그를 보내시어, 이집트 땅에서 파라오와 그의 모든 신하와 온 나라에 일으키게 하신 그 모든 표징과 기적을 보아서도 그러하고, 모세가 온 이스라엘이 보는 앞에서 이룬 그 모든 위업과 그 모든 놀라운 대업을 보아서도 그러하다"(신명 34,10-12).

하느님과의 대면 대화, 이집트 파라오를 제압한 온갖 기적, 시나이 산에서 받은 십계명 등 희대의 사건들을 통해 드러난 모세의 면면에 대한 칭송이다. 워낙에 교양의 일부로도 두루 알려진 바이니, 그가 하느님의 권능을 빌려 연출한 이스라엘 백성의 이집트 탈출 및 광야 행군을 굳이 상세히 언술할 필요는 없으리라.

전대미문의 카리스마! 도대체 그것이 발원된 비밀은 무엇일까. 신명기는 그 답을 한 문장으로 제시한다.

"그 이전에도 그 이후에도 모세처럼 겸손한 사람은 없었다"(민수 12,3 참조).

모세에 관한 한 역시 예찬 일색인 후대 현자들의 촌평(집회 45,1-5 참조) 가운데에서도 비슷한 힌트가 발견된다.

"주님께서는 모세의 충실함과 온유함을 보시고 그를 거룩하게 하시어 만인 가운데에서 그를 선택하셨다"(집회 45,4).

무슨 주석이 더 필요하랴. '겸손'과 '온유'는 '순명'의 덕과 같은 과에 속하는 단어들로서, 사실상 순명을 가리킨다. '충실함'은 '충직'을 가리킨다. 요컨대, 모세의 카리스마는 100% 하느님 표 권능이라는 얘기다. 하느님 일에 부름받은 이들이 반드시 가슴에 새겨두어야 할 대목이다. 우리를 위한 모세의 한 수 멘토링에 귀 기울여보자.

나 모세는 없었다.

그날 그 장관? 경천동지할 기적들? 홍해의 갈라짐? 돌판에 새겨진 십계?

거기 모세는 없었다, 오직 야훼만 존재했을 뿐.

나는 그저 즐거운 바지 슈퍼맨, 진짜배기는 야훼 하느님!

전무(全無)에 전부(全部)가 임장(臨場)했을 뿐.

카리스마?

말뜻 그대로 깡그리 그분으로부터 받은 것.

그냥 분부하신 대로 따랐더니,

그냥 한눈팔지 않고 끝까지 의리를 다했더니,

천하를 호령할 권능이 하늘에서 마구 쏟아졌을 뿐.

내 손에 들린 지팡이가 증언한다.

"그분께서는 준마의 힘을 좋아하지 않으시고

장정의 다리를 반기지 않으신다.

주님께서는 당신을 경외하는 이들을,

당신 자애에 희망을 두는 이들을 좋아하신다"(시편 147,10-11).

그러니 내 형형한 눈에 반하지 말고, 우주 끝에서 끝을 꿰뚫는 그분의 안광에 홀리라.

그러니 나 모세를 경탄치 말고, 내 막후 야훼 하느님을 숭앙하라.

모세는 비밀이자 비결이자 답이다. 큰일을 꿈꾸는 자들이 도대체 무엇을 갖춰야 하는지, 그것을 가르쳐주는 선생이다. 주님 앞에 겸손한 자, 곧 순명하는 자만이 바다를 가르는 카리스마를 행할 수 있음을, 그 명백한 진실을 드러내는 위대한 선배다.

어쩌자고　　　모세가 이끈 이집트 탈출 대장정에서 가장 극적인 부분은 홍해를 건너는 대목이다. 하느님께서 모세를 통하여 열 가지 재앙을 내리자, 그토록 고집을 부렸던 파라오가 마음을 바꾼다. 그리하여 할 수 없이 이스라엘 백성을 이집트에서 내보낸다. 하지만 다시 미련한 욕심에 병거를 보내 그들을 추적하게 한다. 경황없이 쫓기던 이스라엘 백성은 홍해에 가로막혀 진퇴양난에 몰리게 된다. 두려움에 사로잡혀 우왕좌왕하고 있는 이스라엘 백성들에게 하느님께서는 말씀하신다.

"걱정하지 마라. 내가 다 할 테니 너희는 나를 믿기만 하여라"(탈출 14,13-14 참조).

그러시면서 양쪽 진영을 구름 기둥으로 막아 갈라놓으신다.

바로 이 대목에서 재미있는 장면이 연출된다. 뜬금없이 모세가 하느님께 야단을 맞는다.

"모세, 너는 어쩌자고 부르짖기만 하느냐?"(탈출 14,15 참조)

아마도 궁지에 몰린 이스라엘 백성과 모세가 하느님께 살려달라고 아우성을 쳤던 것 같다. 이에 주님께서는 응답 대신 벽력같이 야단을 내리셨다. 어떻게 이해해야 할까? 여기에 아주 중요한 메시지가 있다. 주님께서는 처음 모세를 부르실 때 이미 "내가 너와 함께 있겠다"(탈출 3,12)는 약속과 함께, 뱀(잡신), 병, 자연을 주무르는 세 가지 능력을 징표로 주셨다. 이들은 '지팡이'와 함께 모세에게 주어진 기적의 능력이었다. 그리고 이는 그대로 열 가지 재앙 때 훌륭하게 작동되었다. 그런데도 모세는 깜박 잊고서 발만 동동 구르면서 하느님의 도움을 청했던 것이다.

그러니 하느님의 저 꾸중은 결국 이런 말씀이었던 셈이다.
"줬잖아! 얼른 써먹어, 그 지팡이!"
"???"
"우선 백성들부터 진군하라고 하고, 너는 바다를 향해 손을 뻗쳐라! 그리고 바다가 갈라지게 만들어!"(탈출 14,16 참조)
바다를 가른다? 자신의 생각으로는 언감생심 꿈도 못 꿀 상상이었지만, 모세는 하느님의 분부이니 눈 딱 감고 행했다. 그랬더니 놀랍게도 바다가 갈라졌다. 모세에게 임한 카리스마가 바다를 주물렀던 것이다. 이리하여 이스라엘 백성은 맨땅을 딛고 바다를 넘어갔다.

모세의 지팡이에 내장된 카리스마는 결국 성령을 상징한다. '카리스마'라는 말뜻 자체가 '성령의 은사'다. 모세가 짚고 다녔던 그 지팡이는 신약으로 치면 특별한 성령의 은사였던 셈이다. 그리고 견진성사를 통하여 저마다 성령의 은사를 받은 우리 그리스도인들은 구약으로 치면 모두 지팡이 하나씩 받은 셈이다. 모세에게 일어난 저 극적인 해프닝은 성령의 은사를 잔뜩 받아놓고도 미처 발휘하지 못한 채 하늘만 바라보며 특단의 조치를 청하는 우리를 향한 일갈이 아닐까.

저희가 다 죽게 되었습니다, 주님.
앞으로도 못 가고 옆으로도 못 가고 뒤로도 못 가고,
위로 솟지도 못하고 아래로 꺼지지도 못하고,
진퇴양난, 사면초가이올습니다.
살려주소서, 도와주소서, 구해주소서.

너는 어쩌자고 부르짖기만 하느냐, 쥤잖아, 써먹어!
믿음의 지팡이, 지혜와 능력의 성령은사.
문제의 바다 위에 두 손을 뻗고 카리스마의 권능으로
호령해!
"나자렛 예수 그리스도의 이름으로 명한다. 썩 갈라져라.
주님의 백성이 나아가게시리 쫘―악 길을 내라."
그리고 공허한 주문만 외지 말고, 요지부동의 믿음을 바쳐!
"감사합니다, 찬미합니다, 영광 받으소서. 아멘!"

이스라엘 백성 /강팍함의 변주곡

불평불만의 레퍼토리　　갈대 바다(홍해)를 건너면서 시 작된 광야 여정은 낭만이 아니었 다. 구름 기둥과 불기둥, 만나와 메추라기를 동원하시는 하느님의 동행에도 불구하고 이스라엘 백성에게 광야는 이름하여 '반항의 장소'이기도 했다. 연이어 터지는 아우성의 레퍼토리는 그야말로 죽 끓듯 변덕스러웠다.

이집트를 탈출하여 광야에 막 들어섰을 때 이집트 병사들이 뒤 쫓아 오자, 그들은 모세에게 항의했다. "이집트에는 묏자리가 없 어 광야에서 죽으라고 우리를 데려왔소? 어쩌자고 우리를 이집트 에서 이끌어 내어 이렇게 만드는 것이오?"(탈출 14,11)

'신' 광야에서는 먹을 것이 없다고 원망해댔다. "아, 우리가 고기 냄비 곁에 앉아 빵을 배불리 먹던 그때, 이집트 땅에서 주님의 손에 죽었더라면! 그런데 당신들은 이 무리를 모조리 굶겨 죽이려고, 우리를 이 광야로 끌고 왔소?"(탈출 16,3)

그러더니 이제 시나이 산 계약의 시기를 지나 다시 광야 길에 들어서기가 무섭게, 금세 또 볼멘소리가 터진다. "누가 우리에게 고기를 먹여 줄까? 우리가 이집트 땅에서 공짜로 먹던 생선이며, 오이와 수박과 부추와 파와 마늘이 생각나는구나. 〔…〕 보이는 것은 이 만나뿐, 아무것도 없구나"(민수 11,4-6). 은혜롭게 내린 만나도 물려서 못 먹겠다는 투정이다.

강퍅! 이 고질화된 원성의 뿌리를 후세의 예언자들은 이구동성으로 '강퍅함', 또는 '완고함'이라고 요약한다.

그렇다면 하느님께서는 이런 불평불만에 어떻게 대응하실까? 상태에 따라서 두 가지로 달리 응답하신다.

우선, 절대적인 불평불만은 들어주신다. 즉, "죽게 됐어요", "먹을 게 없어요" 이럴 때는 들어주신다. 생존이 걸린 문제니까.

하지만! 상대적인 불평불만은 안 들어주신다. 예컨대, 이미 만나가 있는 상태에서 "맛없다"고 구시렁대면, 들어주지 않으신다. 일단 들어주기 시작하면 끝없는 악순환에 빠지니까.

말로 번 매, 광야 40년

언어습관과 사고방식은 서로 쌍방향적으로 영향을 끼친다. 평소 긍정 마인드로 긍정의 언어를 쓰는 사람은, 아무리 환경이 험악해도 '긍정'의 단어로 반응한다. 이와 반대로 늘 삐딱한 시선으로 현실을 바라보는 것이 몸에 밴 사람은, 눈앞의 상황이 아무리 희망적이라도 '부정'의 단어로 반응하기 마련이다. 사고방식이 언어습관을 지배한다는 얘기다. 재미있는 것은 그 반대 현상도 성립한다는 사실이다. 곧 긍정적이든 부정적이든 평소 어떤 언어를 새로 배워서 익히느냐에 따라서 역으로 사고방식도 바뀔 수 있는 것이다.

어느 것이 먼저였는지는 알 수 없으되, 이스라엘 백성은 앞에서 언급한 바와 같이, 어느덧 불평불만과 부정의 사고방식이 악순환을 거듭하는 국면에 접어들었다. 이는 심각한 고질병이었다.

하느님께서는 이를 뿌리부터 뜯어고치고자 하셨다. 광야 생활 40년! 한마디로, 이는 이스라엘 백성이 '말'로써 번 매였다.

이집트 탈출을 감행한 지 어느덧 1년 3개월째, 갈대 바다를 건너 이스라엘 민족이 '파란' 광야에 이르렀을 때, 모세는 가나안을 정탐하기 위해 한 지파에서 한 명씩 똑똑한 청년 열두 명을 뽑아서 파견한다. 그들이 40일간 정탐하고 돌아왔을 때, 열 명은 아주 비관적인 견해를 밝힌다. "거기에는 장대같이 키가 큰 거인족이 살고 있습니다. 그들 앞에 섰더니 꼭 우리가 메뚜기만 하게 보였습니다"(민수 13,32-33 참조).

반면 여호수아와 칼렙은 반론을 펼친다. "그 땅은 야훼 하느님께서 우리에게 주시겠다고 약속하신 땅입니다. 그러니, 그들은 우리의 밥입니다"(민수 14,8-9 참조).

한쪽은 스스로를 '메뚜기'라 보았고, 한쪽은 상대방을 '밥'으로 보았다. 의견이 현격하게 갈린 것이다. 그런데 이스라엘 백성들은 결국 다수의 의견을 받아들여 모세에게 반기를 들었다.

이 일로 하느님께서는 '흑사병'을 내려 이스라엘 백성을 몰살시키기로 작정하신다. 모세가 극구 말리자, 하느님께서는 다음과 같이 계획을 바꾸신다.

"그래. 내가 봐주기는 봐주는데, 그냥 넘어가지는 않겠다. 자, 이제 이 백성들 가운데서 데리고 갈 사람을 솎아 내리라. 너희가 40일 동안 정탐한 다음 고작 고따위 얘기를 했으니까, 하루를 1년으로 쳐서 도합 40년 동안 광야에서 고생하게 하리라. 이 시련을 견뎌낸 이들만 그 땅으로 들여보낼 것이다"(민수 14,20-25.27-35 참조).

이렇게 해서 40년이라는 긴 시간이 결정된다. 결국, 40년은 이스라엘 백성의 부정적인 생각 및 언어습관을 치유하기 위한 하느님의 처방이었던 것이다.

이 사건과 관련하여 하느님께서는 아주 무서운 말씀을 내려주셨다.

"내가 살아 있는 한, 너희가 내 귀에 대고 한 말에 따라, 내가 반드시 너희에게 그대로 해 주겠다"(민수 14,28).

이 말씀 그대로, 스스로를 '메뚜기'로 지칭했던 사람들은 모두 그 꼴이 되었고, 상대를 '밥'으로 선언했던 여호수아와 칼렙은 영광의 주역이 되었다. 말로써 운명이 갈렸던 것이다.

민수기의 이 말씀은 결국 "젖과 꿀이 흐르는 가나안 땅"을 밟는 주역을 결정하는 기준이 되었다. 그리하여 불평불만과 데모를 일삼던 출애굽 1세대는 40년 광야 길에서 모두 도태되었다. 남은 이들은 1세대 중 오직 긍정(더불어, 믿음과 희망)의 사람들과 그들의 2세대들이었다. 요컨대, 어떤 악조건에서도 약속 말씀을 믿고 우직하게 희망적인 생각과 말로 살아남은 이들만이 마침내 '가나안 땅'을 밟을 수 있었다.

여기서 우리는 '가나안 땅'에 대한 하느님의 지혜를 깨닫게 된다. "아무리 가나안 땅에 젖과 꿀이 흘러도, 만날 불평불만을 일삼던 이들에게는 또 트집거리가 보이는 법! 그 반대로 노상 믿음과 희망의 말을 입버릇으로 삼은 이들에게는 척박한 땅이라도 가나안 땅으로 둔갑하는 법!"

별생각 없이 나쁜 말, 독한 말, 빈말을 남발하는 이 시대 우리를 향한 일침이다. 그들이 3,000년 전 바쳤을 기도는, 시대마다 긍정의 '남은 자'들에게 전수되어, 오늘에까지 생생히 바쳐지지 않을까.

"아이고 내 팔자야!" 하며 뭇사람들이 타령을 일삼을

때에도,

노상 "감사합니다"라고 말했더니,

감사할 일만 마구 생겼습니다, 할렐루야.

"죽겠다, 죽겠다" 하며 여론이 비관만 늘어놓을 때에도,

연신 "아직은 살 만하다, 뭔 수가 나겠지" 했더니,

이렇게 저렇게 출구가 열렸습니다, 할렐루야.

"나는 여기까지, 더 이상은 불가능!" 하며 입술들마다 끝장

을 선언할 때에도,

오기로 "할 수 있다, 오직 희망이야"를 외쳤더니,

가나안 땅이 부럽지 않게 되었습니다, 할렐루야.

구리 뱀　　거듭된 불평불만의 대단원은 그 유명한 구리 뱀
　　　　　　　사건이다. 드디어 광야 생활 끝자락! 이쯤 되면 참
는 데 이력이 붙었을 만도 한데, 또다시 원성이 들끓는다(민수 21,5
참조). 목적지를 코앞에 두고 이 노릇이니, 하느님의 역정도 이만
저만하지 않았다. 하여 극약 처방으로 불 뱀들을 보내시어 많은
사람이 물려 죽게 하신다. 이를 보다 못한 모세가 하느님께 백성
을 위해 기도하자, 비방이 내려진다.

　"구리 뱀을 장대 높이 올려라. 그리고 쳐다보는 사람은 살리
라"(민수 21,8 참조).

사람의 생각으로는 도무지 이해가 안 가는 처방. 여기에는 하느님의 고단수 지혜 두 가지가 감춰져 있었다.

첫째, 말씀에 대한 무조건적 순명을 가르치기 위함이었다. 말이 안 되는 처방을 두고, 사람들은 '그거 쳐다본다고 낫냐? 약을 주든지, 연고를 주든지 해야지' 하고 생각하기 십상이다. 하지만 백성들 입장에서는 그거라도 안 하면 죽게 되었으니 어찌 됐든 쳐다보게 된다. 그런데 신기하게도 쳐다본 사람은 살았다. 이해가 안 되어도, 주님 말씀대로 행했더니 살아났다! 바로 이를 깨달으라는 조치였던 것이다.

둘째, 바라봄의 영성을 가르치기 위함이었다. 장대에 매달린 구리 뱀을 보기 위해서는 고개를 들어 하늘을 향해야 한다. 그러면 그 시선 너머로 보이지 않는 하느님의 형상이 어른거리기 마련이다. 이는 모든 불평불만의 원인이었던 '땅만 내려다보는 시선'의 정반대. 그러기에 "높이 올려다보라"는 분부는 불평불만을 멈추고 '믿음과 희망'의 기도를 올리라는 가르침이었던 것이다.

신약에 와서 예수님께서는 당신의 십자가형을 "높이 올려진" 뱀(요한 3,14 참조)에 비유하셨다. 오늘도 십자가를 바라보는 자는 산다. 이 시대의 구리 뱀인 십자가는 우리를 위한 극명한 깨달음이다.

좋은 일이 일어나리라.
아무리 엉터리 같더라도 주님의 말씀이라면 그냥 따르라.

이해가 되지 않더라도 주님의 뜻이라면 그냥 받아들여라.
죽어가던 이가 벌떡 일어나는, 별별 일을 보게 되리라.
그제야 너희가 "아 그 말씀이 맞았구나!" 하리라.

이변을 보게 되리라.
땅만 보지 말고, 고개를 들어 하늘을 높이 올려다보라.
땅의 소출에만 기대지 말고, 하늘의 돌보심에 의지해
보아라.
상처가 생살로, 고생이 축복으로, 불평이 감사로 바뀌게
되리라.
그리하여 너희가 "할렐루야, 아멘!" 하게 되리라.

야훼 / 역사의 배후

'야훼'라고 불러줘　기념비적인 이집트 탈출의 역사는 한마디로 '신들의 전쟁'이었다. 모세는 단지 참 하느님 '야훼'께서 뽑아 쓰신 도구일 뿐이었다.

모세가 이 이름을 알게 된 것은 도피생활 40년 되던 해 양 떼를 몰고 호렙 산을 오르던 중 떨기나무 불꽃 앞에서 들려온 음성을 통해서였다. "신을 벗으라"는 소리에 신을 벗으니, 말씀이 내렸다.

"나는 이집트에 있는 내 백성이 겪는 고난을 똑똑히 보았고, 작업 감독들 때문에 울부짖는 그들의 소리를 들었다. 정녕 나는 그들의 고통을 알고 있다"(탈출 3,7).

우리의 '고난'을 보시고, '울부짖음'을 들으시고, 속 깊은 '고통'을 아시는 분! 이제 이분께서 당신 계획을 모세에게 알려주신다.

"나는 아브라함과 이사악과 야곱에게 약속을 했다. 그 약속을 실현하기 위해 너를 불렀다. 네가 내 백성을 이끌어 내서 약속의 땅으로 데리고 가거라"(탈출 3,8-10 참조).

그러자 모세가 "당신을 누구라고 불러야 합니까?", "어느 신의 이름으로 이집트 파라오에게 당신의 말씀을 전해야 하겠습니까?" 라고 묻는다. 이에 하느님께서는 당신의 이름을 알려주신다.

"나는 있는 나다"(탈출 3,14).

이 문장의 원문에서 각 단어의 첫 번째 자음을 모아 히브리식 으로 발음하면 '야훼(YHWH)'가 된다. 원문의 결정적인 구성인자인 하야(haya) 동사는 영어로 be동사에 해당하는데, 여기서는 일인칭 현재 미완료태(I will be)로 쓰이고 있다. 이 시제를 충분히 반영한 영어 번역은,

"I will be who I will be".

이는 우리말로 "나는 내가 되고자 하는 존재가 될 것이다"쯤이 된다.

원문의 영어 번역은 '야훼'의 심오한 뜻을 잘 전해준다. 나는 영 어 번역문에서 서술부 "who I will be"를 "스스로 말미암는다"는 의미를 살려 '자유(自由)'로, 주부 "I will be"를 "스스로 존재한다" 는 의미를 살려 '자재(自在)'로 번역하여, 그 전체를 '자유자재'라고 해석하는 입장이다.

자유자재! 못할 것이 없는 전능자(全能者)라는 뜻이다. 결국, 내

용상으로 야훼는 "이분 뒤에 아무도 없고, 이분이 근원이고 알파고 오메가다"라는 의미를 지닌다.

바로 이런 '야훼'의 의미를 배경으로 하여 모세오경의 결론부는 이렇게 선언하고 있는 것이다.

"이제 너희는 보아라! 나, 바로 내가 그다. 나 말고는 하느님이 없다. 나는 죽이기도 하고 살리기도 한다. 나는 치기도 하고 고쳐 주기도 한다. 내 손에서 빠져나갈 자 하나도 없다"(신명 32,39).

이런 '야훼'께서 이스라엘 백성을 이집트의 종살이에서 구해내기 위하여 마침내 모세를 내세워 움직이기 시작하셨던 것이다.

"내 백성 이스라엘 자손들을 이집트에서 이끌어 내어라"(탈출 3,10).

이 말씀이 내리던 날 하느님께서 모세에게 당신의 이름을 알려주신 특은은 시쳇말로 천기누설에 해당한다. 이는 오늘 우리에게도 그대로 유효하다!

≪

내 이름이 뭐냐구?
내 이름은 약칭 '야훼(YHWH)'!
히브리어본 이름은, "에흐예 아세르 에흐예"(탈출 3,14),
영어로, I will be who I will be,
한국어로, 스스로 말미암아 스스로 있는 자, 곧 자유자재
(自由自在).

내 이름이 뭐냐구?

내 이름은 '야훼'.

나는 야훼 유일신이니, 나 외에 다른 신은 없고,

나는 야훼 창조주이니, 나 너를 모태에서 만들었고,

나는 야훼 전능자이니, 나 네 모든 기도 들어줄 수 있고,

나는 야훼 천주이니, 나의 흥망과 생사를 관장하되.

나 야훼, 질투하는 신이니, 너 한눈팔면 국물도 없느니라.

내 이름이 뭐냐구?

야훼라고 불러줘.

탈출기 3장 14절 갈피에 내 명함 끼워놨다.

필요하면 연락해!

소리, 침묵, 전화, 이메일, 문자, 카톡, 다 동원하여,

"불행의 날에 나를 불러라.

나 너를 구하여주고

너는 나를 공경하리라"(시편 50,15).

소통하시는 하느님

야훼 하느님의 가장 큰 매력 가운데 하나가 당신의 '소통' 의지다. 흔히 명령권자는 일방소통을 즐긴다. 더구나 절대명령권을 가졌다면 두 말할 나위 없겠다. 하지만 야훼 하느님께서는 다르시다. 소통하시는 그분의 속성은 무엇보다도 '들으심'에서 드러난다(탈출 3,7 참조).

야훼 하느님께서는 당신 백성의 속사정을 들으시고 헤아려주신다. 그뿐 아니라 그것들을 수용하시고 반영하시어 행동하신다.

야훼 하느님께서는 모세가 백성들을 위해 중재 기도를 바쳤을 때 소통의 진수를 보여주셨다.

우선, 이스라엘 백성이 그의 형 아론을 앞세워 금송아지 우상을 만들었을 때, 모세가 바친 중재 기도에 하느님의 반응은 화끈한 수용이었다. 하느님께서는 이스라엘 백성의 '타락'을 보다 못해 심히 진노하셔서 이스라엘 온 민족을 진멸하려 하셨다(탈출 32,10 참조). 이때 모세는 자신의 생명을 걸고 기도한다.

"그들의 죄를 부디 용서해 주시기 바랍니다. 그렇게 하시지 않으려거든, 당신께서 기록하신 책에서 제발 저를 지워 주십시오"(탈출 32,32).

차라리 자신의 이름을 '생명의 책'에서 지워달라는 모세의 배수진 기도를 들으시고, 하느님께서는 진노를 누그러뜨리셨다.

비슷한 일이 가나안 정탐꾼 열두 명이 돌아왔을 때 일어났다. 열 명의 부정적인 견해에 선동당한 이스라엘 백성이 데모하며 모세의 리더십을 흔들자, 하느님께서는 '흑사병'으로 몰살시키겠다고 하셨다(민수 14,11-12 참조). 이에 모세가 또 중재 기도를 바쳤다.

"봐주세요, 아휴. 야훼 하느님, 이러면 이게 누구 망신인 줄 아세요? 소문날 겁니다. 이집트에 소문 파다하게 납니다. '그래, 뭐 야훼 섬긴다고 떠나더니 다 몰살당했구나.' 이렇게 소문이 나면 결국 누가 손해입니까?"(민수 14,13-19 참조)

이 기도를 들으시고 하느님께서 또 통 크게 수용하셨다. 다만 그것을 대신한 40년 광야 생활로 징계의 방법을 바꾸셨다.

듣는 하느님, 야훼께서는 오늘도 우리의 운명을 바꿀 소통으로 우리를 초대하신다.

나는 듣는다.
변론이건, 호소건, 하소연이건, 탄원이건, 간청이건
나 너희의 기도 소리를 듣고,
나는 매를 들다가도 뉘우치며,
심판의 불을 내리려다가도 후회한다.
나 절대(絶對) 지혜이지만,
너희의 상대(相對) 지혜도 경청한다.

내 마음을 알아다오.
너희가 내 마음을 알아주면,
너희는 모든 것을 얻을 수 있다.
과부의 동전 한 닢으로도 나를 감동시키면,
그것으로 '천하'를 살 수 있다.

오늘 우리 ╱엑소더스의 주인공

신명기의 '오늘'　　　앞에서 모세 시대 이집트 탈출의 주역들을 클로즈업해봤다. 그 마지막 주역은 오늘 우리다. 이는 신명기의 심오한 의중이다.

신명기는 아주 독특한 시제를 구사하면서, 이 시대의 독자를 3,200년 전 역사의 한복판으로 초대한다.

"주님께서는 이 계약을 우리 조상들과 맺으신 것이 아니라, **오늘 여기에** 살아 있는 우리 모두와 맺으신 것이다"(신명 5,3).

여기서 '오늘'은 과거의 오늘, 현재의 오늘, 또한 미래의 오늘이다. 이런 의미에서 이 말씀은 모세가 하느님과 맺은 시나이 산에서의 계약이 형식상으로는 '우리 조상들'하고 맺은 계약이지만, 실제로는 '오늘 여기 살아 있는 우리', 나아가 아직 태어나지 않은 '미래의 사람' 모두에게 유효한 계약임을 분명히 하고 있다. 결국, 저 말씀 속 '우리 조상들'은 인류의 대표인 셈이며, 그러기에 '오늘 우리'가 엑소더스(이집트 탈출) 행렬의 궁극적 주인공이라는 얘기다.

　이런 귀결은 모세오경에만 해당하지 않는다. 성경 전체가 과거 기록될 당시의 사람들과 모든 시대(곧 현재와 미래)의 '오늘 우리'를 아울러 겨냥하는 3중 시제의 말씀인 것이다. 이 얼마나 은혜로운가! 그러므로 우리는 '오늘'의 영성을 살 일이다.

❯❯

　오늘이다.
　창조주 하느님께서 하늘과 땅을 지으시는 날,
　야훼 하느님께서 당신 백성을 이집트 죽음의 질곡에서
　구출하시는 날,
　불기둥 구름 기둥으로 불모의 땅 광야길 동행하시는 날,
　"주님의 말씀 밤낮으로 묵상하는 이, 하는 일마다 잘되
　리라"(시편 1,2-3 참조)시며
　인생살이 지혜의 말씀 내려주시는 날,
　오늘이다.

　오늘이다.
　아브라함의 하느님, 이사악의 하느님, 야곱의 하느님께서
　바야흐로 '나의' 하느님이 되어주시는 날,
　내 꼬락서니 보시고, 내 '죽는소리' 모조리 들으시고, 내

창자 꿰뚫어 아시는 날,

그리하여 내 원을 풀어주시는 날,

예수님 쇼킹 복음 가난한 이에게 들리고, 묶인 이 자유를
얻고, 잡혀간 이 해방되고, 눈먼 이 눈 뜨게 되는 날(루카
4,18 참조),

오늘이다.

오늘 우리의 감사   방금의 진술을 가장 극적으로 뒷받침
해주는 성경 대목이 신명기 26장이다.
본디 추수감사절 때 소출의 맏배 및 맏곡식들과 함께 바치는 신앙
고백문인데, 그 핵심본문을 보자. "저희 조상은 **떠돌아다니는 아**
람인이었습니다. 그는 몇 안 되는 사람들과 이집트로 내려가 이방
인으로 살다가, 거기에서 크고 강하고 수가 많은 민족이 되었습니
다. 그러자 이집트인들이 저희를 학대하고 괴롭히며 저희에게 심
한 노역을 시켰습니다. **그래서 저희가** 주 저희 조상들의 하느님께
부르짖자, 〔…〕 주님께서는 강한 손과 뻗은 팔로, 큰 공포와 표징
과 기적으로 저희를 이집트에서 이끌어 내셨습니다. **그리고 저희**
를 이곳으로 데리고 오시어 저희에게 이 땅, 곧 젖과 꿀이 흐르는
땅을 주셨습니다. 주님, 그래서 이제 저희가 주님께서 저희에게
주신 땅에서 거둔 수확의 맏물을 가져왔습니다"(신명 26,5-10).

    내용 전개가 무척 재미있다. 처음에 "저희 조상은 아람인이었습
니다"로 시작한다. 여기서 '아람인'은 단수다. 하지만 바로 다음에

서 "이집트에서 강대한 민족이 되었습니다"라고 고백한다. 단수 '아람인'이 어느새 '민족'이 되어 복수로 바뀐 것이다. 이후 이집트 탈출 이야기가 이어진다. 마지막에는 하느님께서 강한 손으로 이 끌어 탈출시켜주셨다고 고백한다. 주목할 것은 여기서 오늘의 '저희'가 과거 조상들이 겪은 사건의 주인공들과 동일시되어 주어 역할을 한다는 사실이다.

바로 여기에 묵상거리가 있다. 탈출 체험을 한 것도, 젖과 꿀이 흐르는 땅을 받은 것도 그 실제적 주인공은 엄연히 조상들이다. 하지만 그 이후 몇백 년, 몇천 년이 흐른 후에도 그 신앙유산을 대물림받은 후손들은 "저희가 받았다!"라고 고백한다. 이것이 바로 역사의식이다. 이스라엘 백성은 이 고백을 통하여 이렇게 말하고 있는 셈이다.

"잊지 말라. 주님께서 과거의 조상들에게 어떤 은혜를 베풀어줬는지 잊지 말라. 그 안에 내가 있다. 그것이 나에게 준 것이다."

그러니 그분께 이렇게 아뢰는 것이다.

"지금 가져온 이 소출은 제가 뼈 빠지게 일해서, 땀 흘려서 얻은 것이 아닙니다. 다 주님이 주신 것을 소작했을 따름입니다. 저는 소작인이고 주님은 주인이십니다."

또 하나, 첫 부분에 우리가 마음에 깊이 새겨둘 필요가 있는 지혜가 번득인다.

"저희 조상은 떠돌아다니는 아람인이었습니다"(신명 26,5).

이 말은 곧 "우리 조상은 떨거지였어요"라고 고백하는 것과 진배없다. 사실 믿음 없는 사람들은 자수성가하거나 대업을 이룬 후에 조상들을 미화하고자 한다. 하지만 믿음이 있는 사람들은 있었던 그대로 자신의 뿌리를 '커밍아웃'시킨다. 그리하여 "우리 조상은 부족한 조상이고 나는 혈통도 딱히 안 좋고 다 별볼일 없는데, 하느님 은총으로 이렇게 풍요롭게 받았다"라고 고백할 때, 이것이 참 신앙이 되는 것이다.

그렇다면 우리는 한국 가톨릭교회가 누렸던 하느님의 특별한 축복에 대하여 이런 고백을 해야 마땅하지 않을까.

저희 조상은 극동의 땅끝 나라 바다촌 사람들이었습니다.
비단길(silk road) 말단에서도 동으로 동으로 계속 걸어야
닿는 곳,
거기 산다던 전설의 동이(東夷)족 후예였습니다.
하오나 천주님께서는 장구한 침묵을 손수 깨시고,
저희 영적 까막눈들에게 당신 자비를 뻗치시어,
오묘한 방법으로 '기쁜' 전갈을 보내오셨습니다.
서학의 동진(東進)이 북경에서 멈추자,
천주님께서는 북서풍에 실어 풍문을 날려 보내주셨습니다.

이윽고 천주님께서는 강력한 성령의 바람을 휘몰아
내리시어,
저희, 이 땅의 젊은 가슴들로 하여금
타는 목마름과 열화 같은 우러름으로
진리와 천주를 숭모하게 하셨습니다.
나아가 유별난 성총을 저희에게 부으시어,
저희를 주님 자녀로 삼으시고
저희 가운데 '하느님 백성'의 수를 늘려가셨습니다.
박해의 모진 시련이 닥치자,
당신 두 팔로 저희를 굳건히 붙드시며
피로써 당당히 신앙을 증거하게 해주시고,
귀하디귀한 목자들을 몸소 파견해주시어
목숨 바쳐 저희를 돌보게 해주셨습니다.
이렇게 온갖 간난(艱難)과 도전을 견뎌내게 해주시고,
오만 가지 이단잡설을 물리쳐주시면서,
저희를 눈동자처럼 동행해주셨습니다.

한중일 동아시아 3국 가운데 가장 늦게 복음을 접한 꼴찌
인연이었지만.
오늘 서울의 중심 명동에 성당 첨탑 우뚝 세우시어,
'동방의 횃불'이 되게 하셨습니다.
그리하여 103위 성인과 124위 복자를 모시는

자랑스러운 신앙 강대국이 되게 해주셨습니다.

그런즉 야훼여, 여기 올해 구령(救靈)농사의 첫 소출, 만물을
가져왔나이다.

2016년 추수철에 우리가 봉헌할 첫 소출은 무엇일까?

생과 사의 갈림

여호수아
하느님을 모르는 세대
기드온
룻
한나

여호수아1 / 성공한 넘버2

후계자 교육   청출어람(靑出於藍)이라고 했던가. 걸출한 인
물 여호수아의 입신 배후에는 위대한 스승
모세가 있었다. 나이 80세를 넘긴 고령에 불리움받은 모세는 미리
부터 후계자감을 골라 치밀하게 양성하기 시작했다. 발탁된 인물
은 여호수아였다. 모세는 그를 어떻게 큰 지도자로 양육했을까.

첫째, 동행 멘토링을 하였다. 모세는 여호수아를 중요한 자리에
동행시키면서 보고 배우게 했다. 그리하여 여호수아는 모세의 본
보기를 보면서 하느님의 말씀에 경청하는 법, 하느님의 권능을 끌
어들여 카리스마를 부리는 기도법, 백성을 영도하는 법 등을 터득
하게 되었다.

둘째, 실전훈련을 시켰다. 모세는 여호수아에게 많은 전쟁국면
을 경험케 했다. 모세는 아말렉과의 전투(탈출 17,8-16 참조) 같은 아

주 중요한 전쟁이나 가나안 정탐(민수 13장 참조) 같은 오지 답사에는 꼭 여호수아를 투입해서, 경험을 쌓게 하여 유사시 비상통솔력을 함양시켜주었다.

셋째, 하느님의 재가를 확인했다. 자신의 시대가 마감될 것을 예감하면서 모세는 이렇게 기도했다. "하느님 야훼여, 회중을 거느릴 사람을 세워 주십시오"(민수 27,16). 이 기도에 하느님께서는 여호수아를 가리키면서 "쟤다" 하고 찍어주셨다. 미리 인물을 양성한 모세의 식견은 이로써 재가를 받은 셈이 되었다.

이른바 '넘버 투' 곧 '이인자'의 싹을 떡잎부터 잘라버리는 것이 매정한 세속의 속성임을 고려할 때, 모세의 후계자 양성은 하느님 중심의 사고방식이 아니고는 기대할 수 없는 것이었다.

천기누설 비상한 영도력으로 40년간 이스라엘 백성을 이끌었던 모세, 정작 그는 예리코의 맞은편 피스가 산정에 올라가 약속된 땅 가나안을 바라볼 뿐 그곳으로 들어가지 못했다. 그가 죽을 때에 그의 눈은 흐리지 않았고 그의 기력은 쇠하지 않았지만(신명 34,7 참조), 하느님의 분부대로 120세의 나이로 죽음마저도 받아들였던 것이다.

이로써 여호수아의 시대가 열렸다. 하지만 여호수아에게는 말 못할 고충이 있었다. 바로 거목 모세의 그늘이었다. 선임자가 대업을 이루면 후임자는 고달픈 법. 여호수아는 은근히 주눅과 강박에 시달렸다. 이를 통찰하신 주님께서는 여호수아에게 격려의 말씀을 주신다.

"나의 종 모세가 죽었다. 그러니 이제 너와 이 모든 백성은 일어나 저 요르단을 건너서, 내가 이스라엘 자손들에게 주는 땅으로 가거라. 내가 모세에게 이른 대로, 너희 발바닥이 닿는 곳은 다 너희에게 주었다"(여호 1,2-3).

이렇게 사명과 약속을 새로 내려주시면서, 고금에 통할 만사형통의 비밀을 계시하신다.

"오직 너는 더욱더 힘과 용기를 내어, 나의 종 모세가 너에게 명령한 모든 율법을 명심하여 실천하고, 오른쪽으로도 왼쪽으로도 벗어나서는 안 된다. 그러면 네가 어디를 가든지 성공할 것이다"(여호 1,7).

이로써 '처세술'이 아닌 '처세원리'가 천기누설된 셈이었다. 이 말씀에서 '율법'은 삶의 법칙에 속한다. 바꿔 말하면 생명의 원리다. 원리는 순리나 법칙과 한통속인 말이니, 요행수나 운세와는 달라서 "동일한 조건에서는 동일한 결과가 나온다"는 믿음과 희망을 준다. 따라서 이는 강제적인 의무가 아니라 누구든지 행복과 성공을 원하는 이라면 가야 할 길이다. 그 길대로 가면 그 과정에서 반드시 자유, 축복, 생명을 만난다. 그래서 '좌'로도 '우'로도 치우치지 말라고 한 것이다. 법칙을 붙들고 살면 성경말씀대로 "어디를 가든지 성공한다."

결과론적인 얘기지만, 여호수아는 이 말씀을 평생 모토로 삼고 곧이곧대로 이행했다. 그는 스승 모세에게서 겸손과 순명을 배웠던 것이다. 그러기에 여호수아기에서 그를 줄곧 따라다니는 후렴구는 "주님께서 시키는 대로 하였다"이다.

이는 가나안 정착 과정에서 여호수아가 대업을 이루게 된 비결이었다. 결정적인 순간마다 바쳤을 그의 기도 소리가 우리의 새벽을 깨우는 듯하다.

⌃

"율법이건 날 말씀이건, 순명하면 대박, 거스르면 쪽박."
율법의 하느님, 말씀의 하느님!
이는 주님께서 제게 일찌감치 일러주신 만사형통, 승승장구의 비밀.
당신께서 모세를 통해 저희에게 주신 십계명은
하자율 0% 인생사용설명서요,
'잔머리' 처세술과는 종자부터 다른 '큰머리' 처세원리.

소자 기억합니다, 40년 주야장천 모세 사부 따르며 두 눈으로 본 것들.
소자 잊지 않습니다, 40성상 모세를 통해 일어난
숱한 기적들.

그 전말은 단순무식한 한 문장!
"율법이건 날 말씀이건, 순명하면 대박, 거스르면 쪽박."

율법의 하느님, 말씀의 하느님!
소자 새벽부터 일어나 추상같이 '예와 아니요'를 가르오니,
에누리 없는 법리로 생과 사, 흥과 망, 승과 패를
갈라주소서.
시방 즉시 "주님 말씀 명심하여 실천하고, 우로도 좌로도
벗어" 나지 않으려 하오니,
오늘의 만사(萬事), 약속된 형통(亨通)으로 미리 봉인하소서.

스펙으로 안 되고, 힘으로도 안 되고, 재주로도 안 되고,
온갖 지모로도 안 되는 것,
주님 마음 헤아리는 순명으로는 되오니,
오늘, 백성의 명운이 달린 큰 전쟁의 날,
소자 말씀 묵상으로 새벽을 여나이다.
율법이건 날 말씀이건, 순명하면 대박, 거스르면 쪽박!
할렐루야, 아멘.

두 가지 명장면: 사제들을 위한 영감

여호수아의 첫 사명은 이스라엘 백성을 이끌고 요르단 강을 건너 가나안 땅에 정착하는 것이었

다. 여호수아는 훌륭하게 자신의 임무를 완수했다. 그 과정에서 일어난 일 가운데, 두 가지 명장면을 우리는 놓칠 수 없다.

첫 번째 장면은 요르단 강을 건널 때 계약의 궤를 멘 사제들을 선봉에 세우고 행렬하는 모습이다.

특공대가 아니라 전투력 제로인 성직단을 앞세우니 시쳇말로 '해괴한' 일이 일어났다. "강물이 강둑처럼 멈추어" 서고, 모두가 "마른 땅을 걸어서" 건너가는(여호 3,16-17 참조) 기적을 겪게 된 것이다. 이렇게 해서 이스라엘 민족은 약속의 땅 가나안에 들어선다. 바로 그다음 날부터 "하늘에서 만나가 떨어지지 않았다"고 성경은 기록한다(여호 5,2-12 참조). 40년이라는 긴 방랑의 세월이 바야흐로 끝을 맺었다는 이야기를 기록하고 있는 것이다.

두 번째 것은 예리코 성을 함락시키는 장면이다. 이 역시 사제들의 특수 임무에 의해 이뤄진다. 알다시피 예리코 성은 쳐 이긴 것이 아니었다. 역시 나팔을 든 사제들을 선두로 하여 계약의 궤를 앞세우고 군사들이 그 뒤를 따르면서 그냥 성 주위를 돌았을 뿐이다. 이렇게 6일 동안 뱅뱅 돌고, 7일째 되는 날 사제가 부는 나팔 소리와 함께 군사들이 소리를 질렀더니 무너졌던 것이다(여호 6,20 참조).

이는 여호수아 자신의 결정이 아니라 하느님의 지시였다. 여호수아는 판단을 중지한 채 믿음으로 이행했을 따름이다. 그러기에

요르단 강을 건넌 직후, 전쟁준비를 하는 대신, 상식을 거슬러서, 하느님의 분부를 따라 할례와 파스카 축제를 치렀다. 이는 "오직 하느님의 힘으로 전쟁한다"는 믿음의 발로였다.

이 사실은 오늘날 사제의 역할을 이해하는 데도 시사하는 바가 크다. 사제는 누구인가? 사제는 하느님과 백성들 사이에서 모든 것을 중재하는 사람이다. 특히 사람들의 발목을 묶는 온갖 굴레와 한계를 하느님의 지혜와 능력으로 타파하도록 기도로써 중재하는 사람이다. 여호수아가 영도한 가나안 정착 과정에서 사제들이 한 역할은 21세기 사제들에게도 귀한 영감이 아닐 수 없다.

⌃

선봉에 서라.
불안, 두려움, 절망의 강(江)
도도한 물살 목에 차오르는 죽음의 소용돌이,
계약의 궤 번쩍 메고 앞장서 건너라.
엄위로운 야훼의 임장에
드세던 강물은 절로 강둑이 되고
너희 맨발로 마른 땅을 밟고 건너리라.

선봉에 서라.
계약의 궤 번쩍 메고
사지(死地)에 첫발을 디디라.

너희 발걸음 닿는 곳마다
생지(生地)가 되고
생명이 우글거리리라.

뿔 나팔을 불라.
일곱 바퀴 '때'가 찼을 때,
시작을 알리는 신호음을 내라.
그것으로 인하여 모두가 마음 모아 함성을 올리면,
하늘 메아리 광파, 핵파 능가하는 천둥 번개로
구악(舊惡)의 성(城)을 허물리라.

뿔 나팔을 불라.
새 시대의 새벽을 열라.
잠들었던 모든 영혼이 깨어나리라.

≫

여호수아2 / 500년 약속의 성취

별난 역사의식　　　　이윽고 이스라엘 자손들이 가나안에 정
　　　　　　　　　　　착한 다음, 그들은 요셉의 유골을 스켐에
묻는다. 이 유골은 4세기 넘도록 지녀왔던 것으로, 요셉의 유언을
따라 이스라엘 민족이 장차 가나안 땅에 입성하면 그곳에다 묻으
려고 대를 이어 보존해왔던 것이다.

　이스라엘 민족은 이집트에서 탈출할 때 요셉의 유골을 함께 들
고 나왔다. 광야에서 40년 동안 방황할 때에도 그들의 손에는 요
셉의 유골이 들려 있었다. 그러다가 마침내 아브라함에게 주신
'약속의 땅'에 입성했을 때 요셉의 유골은 비로소 안식할 곳을 찾
게 된 것이다.

　이로써 아브라함 때부터 500년을 기다렸던 약속은 이제 이루어
졌다. 여기서 우리는 원대한 역사적 안목을 만나게 된다. 수백 년

전의 약속과 유언을 잊지 않고 그대로 이행하는 모습에서 역사를 길게 펼쳐보는 예지를 만나게 되는 것이다.

이와 관련하여 우리는 또 하나의 지혜를 발견하게 된다. 여호수아 일행은 가나안 땅에 정착하는 과정에서 '정복했다', '빼앗았다'와 같은 표현을 일절 쓰지 않았다. 대신에 여호수아기는 "이것은 이미 약속된 땅이다"(여호 1,11 참조)라고 기록하고 있다. "땅을 빼앗았다"라고 쓰면 이 말이 이후의 역사에 문제가 되기 때문에, "우리는 약속된 땅을 받았을 뿐이다"라고 변론의 논거를 확보해놓고자 함이었다.

이러한 인식은 이스라엘 백성 자신들에게도 필요한 것이었다. 그랬기에 하느님께서는 힘주어 다음과 같이 말씀하셨다.

"나는 너희에게 너희가 일구지 않은 땅과 너희가 세우지 않은 성읍들을 주었다"(여호 24,13).

기막힌 말씀이다. 가나안을 얻게 된 것은 전적으로 야훼 하느님께서 하신 일이지 결코 이스라엘의 공로가 아니라는 말씀이다. 한마디로 은혜요 은총이라는 것이다.

아이 성 전투의 처참한 패배

가나안 정착 과정에서 빼놓을 수 없는 대목 하나가 아이 성 전투의 패배(여호 7장 참조)다. 주님께서 함께하셨을 때는 예리코 성을 단 한 번에 무너뜨렸는데, 아이 성에서는 큰 군대를 데리고 갔어도 지고 말았다. 결국 야훼 하느님께서 함께하지 않으시면 아무리 강한 군대를 가지고 있어도 지게 되어 있다. 반면에 우리가 아무리 약해도 주님께서 함께하시면 반드시 이기게 되어 있다.

왜 이런 일이 일어났을까? 바로 직전에 발생한 예리코 성 정착때 '아칸'이라는 사람이 하느님의 분부를 어겼기 때문이다. 그는 전리품에 욕심이 생겨 그것을 챙겼다. 분명히 하느님께서는 예리코 성의 모든 것을 없애라고 말씀하셨다. 이것을 헤렘 법이라고 하는데 이는 점령한 곳의 모든 것을 야훼께 바치라는 법이다. 곧 물건 같은 것은 다 불살라 바치고, 사람까지도 몰살시키라는 명이다. 하지만 아칸은 이 명령을 어겼던 것이다.

사실 헤렘 법은 설명하기가 쉽지 않다. 어떤 해명도 사람들을 온전히 만족시키기는 어렵다. 그런데 우리가 살다 보면 헤렘 법의 취지를 느낌으로 깨달을 때가 있다. 아주 작은 잘못이 번져서 전체 일을 그르치는 경우를 떠올려보자. 우리는 후회하며 이렇게 말하지 않는가.

"그때 그냥 그 첫 번째, 거기만 내가 발을 들여놓지 않았더라면 내가 이런 꼴을 당하는 것이 아닌데…."

여하튼 아이 성의 경험은 혹독했다. '질투하시는' 하느님께서는 아주 작게 한눈을 파는 것도 섭섭해하신다. 주님은 우리에게 결벽증에 가까운 영적 순결을 원하신다. 이를 소홀히 여긴 사람에게 주님께서는 함께해주지 않으신다. 아이 성 전투 참패의 교훈이 바

로 여기에 있다. 이 또한 성공과 실패의 공식인 것이다. 헤렘 법은
오늘에도 유효하다.

희한한 물건, 해괴한 형상, 집안에 들이지 마라.
예술의 이름으로도, 인테리어용으로도, 관광품 명목으
로도,
괴이한 작품 숨겨놓거나 걸지 마라.
너희 경건이 야금야금 허물어질까 함이며,
거룩한 공간이 어둠에 물들까 함이다.

"이까짓 것 하나가" 하지 마라.
선이든 악이든 작은 불씨에서 비롯하니,
그 하나를 허투루 여기지 말 것이며,
번지기 전에 멸종시킬 것이니라.

아름다운 퇴장　　　이후 여호수아는 철저하게 야훼 하느님
　　　　　　　　　　　의 지시를 따른다. 그 결과 승승장구한다.
그의 혁혁한 활약상을 이 짧은 지면에 소상히 펼치지 못함이 아쉽
다. 대신에 집회서가 전하는 그에 대한 압축적 기록을 그대로 인
용하자면 이렇다.
　"여호수아 이전에 누가 그처럼 당당했던가?
　참으로 그는 주님의 전쟁을 수행하였던 것이다.

그의 손으로 태양이 멈추어

하루가 이틀이 되지 않았던가?

원수들이 그를 사방에서 에워싸 좁혀 올 때

그는 지극히 높으시고 전능하신 분께 호소하였고

위대하신 주님께서는 그의 호소를 들으시어

엄청나게 세찬 우박을 보내셨다"(집회 46,3-5).

이러한 여호수아의 강력한 카리스마에 힘입어, 마침내 이스라엘 12지파는 각각의 땅을 분배받아 가나안에 정착하게 된다. 그리하여 자신에게 주어진 사명을 다 이루고 세상을 떠날 때가 임박하자, 여호수아는 선임자 모세처럼 이스라엘 전 지파의 지도자를 스켐에 모이게 한 후 고별 연설을 한다.

"이제 너희는 주님을 경외하며 그분을 온전하고 진실하게 섬겨라. 그리고 너희 조상이 강 건너편과 이집트에서 섬기던 신들을 버리고 주님을 섬겨라. 〔…〕 누구를 섬길 것인지 오늘 선택하여라. 나와 내 집안은 주님을 섬기겠다"(여호 24,14-15).

이에 백성들은 입을 모아 화답한다.

"그분만이 우리의 하느님이십니다"(여호 24,18).

이렇게 정착과 신앙 갈무리를 다한 여호수아에게 성경은 다음과 같이 아름다운 문장을 헌정했다.

"여호수아가 살아 있는 동안 내내, 그리고 주님께서 이스라엘을 위하여 하신 모든 일을 아는 원로들이 여호수아보다 장수하며 살아 있는 동안 내내, 이스라엘은 주님을 섬겼다"(여호 24,31).

여호수아! 이 이름이 훗날 그리스어식으로 표기되면서 '예수'라 발음되기에 이른다. 그러니까 이 두 이름은 사실상 같은 이름인 것이다. 여호수아는 이름상 예수님의 선배답게, 마지막 숨을 거두며 짧고 굵은 기도를 바쳤을 성싶다.

다 이루었습니다.
모세의 하느님, 나의 주님이시여.
500년 기약인 가나안 정착,
다 이루었습니다.

다 받아냈습니다.
"오직 야훼(주님)만 우리 하느님으로 섬기리라!"
목숨 건 맹세, 갓 입을 연 아이에게까지
다 받아냈습니다.

행복했습니다, 당신의 충복으로 살아온 일생.
찬미합니다, 연약한 기도에 당신께서 이루신 위업.
설렙니다. 천상 가나안 땅 당신의 품에 안길 그때.
끝내 사랑합니다, 당신께서 제게 맡기셨던 당신의 백성.
아멘!

하느님을 모르는 세대 /비극의 전조

판관 시대의 화근　　　　가나안 정착은 미완인 채로 수습되었
　　　　　　　　　　　　　　다. 여호수아기 말미와 판관기 초입에
는 이스라엘 12지파가 각각 가나안 땅을 배당받을 때 미처 몰아내
지 못한 민족들 목록이 기록되어 있다. 이들은 대부분 역부족이나
관용 또는 타협에서 비롯된 미봉책의 수혜자들이었지만, 훗날 두
고두고 우상숭배의 화근으로 작용했다. 이와 관련하여 야훼의 천
사가 '보킴'이라는 지역에서 전한 메시지는 명료하다.

"나는 너희를 이집트에서 데리고 올라왔다. 그리고 이렇게 너희
조상들에게 맹세한 땅으로 너희를 데리고 들어왔다. 그때에 내가
말하였다. '나는 너희와 맺은 계약을 영원히 깨뜨리지 않겠다. 그
러니 너희는 이 땅의 주민들과 계약을 맺지 말고 그들의 제단들을
허물어 버려야 한다.' 그런데 너희는 내 말을 듣지 않았다. 너희가

어찌 이럴 수 있느냐? 그러므로 내가 말해 둔다. '나는 그들을 너희 앞에서 몰아내지 않겠다. 그리하여 그들은 너희의 적대자가 되고 그 신들은 너희에게 올가미가 될 것이다'"(판관 2,1-3).

이 말씀을 온전히 알아들으려면 '우상숭배'에 대한 하느님의 관점을 먼저 이해해야 한다. 성경에서 '잔인하다' 싶을 정도의 비관용이 언급되고 있는 대목을 보면 이는 대부분 우상숭배의 죄와 관련이 있다. 그만큼 하느님께서는 배타적으로 엄정하시다. "너에게는 나 말고 다른 신이 있어서는 안 된다"(탈출 20,3)가 제1계명, 바꿔 말하여 가장 중요한 계명임을 놓치지 말 일이다.

"왜 그러실까? 속 좁게시리."

혹자는 이렇게 반감을 표명하기도 한다. 하지만 '우상'은 속이 좁고 넓고의 문제가 아니다. 이는 바로 우상이 생명을 죽이는 '독'인 까닭이다.

그러한데 이스라엘 12지파는 우상을 섬겨왔던 가나안 원주민이 자신들이 정착한 지역에 섞여 살도록 '대인배'인 양 허용했다는 것이다. 이에 야훼의 천사는 이들이 오래지 않아 이스라엘 백성에게 치명적인 '올무'가 될 것임을 저렇게 엄중히 경고하고 있는 것이다. 실제로, 이는 판관기 전체의 복선으로 작용한다.

우상의 매력   방금 언급된 우상의 "올가미"(판관 2,3)는 참으로 징그럽게 '거듭' 작동된다. 이에 대해 우리는 다음과 같이 쉽게 말할 수 있다.

"거 바보들 아니야? 아니, 한 번 혼나면 됐지. 또 혼나고 또 혼
나고…."

정녕 그들은 왜 그렇게 혼쭐이 나고도 다시 바알 신 또는 그의
부인인 아스타롯 신에 빠졌을까? 야훼 하느님이 그렇게 좋으신
분임을 체험했으면서 왜 자꾸 이런 일이 발생할까? 그 까닭이 없
는 게 아니었다.

이스라엘 사람들은 본디 반유목민이었다. 조상들도 그랬고 그
들 자신도 40년 광야 생활을 하면서 유목민 유전인자가 되살아났
다. 그런데 약속하신 가나안 땅에 들어갔더니, 가나안 농경 문화
가 있었다. 이스라엘인들은 일단 땅을 차지하기는 했는데, 씨를
언제 뿌려야 하는지 어떻게 키우고 언제 거둬야 하는지 아는 게
없었다. 그런데 그곳에 이미 살고 있던 사람들은 잘 안다. 그래서
그들에게 가서 물어보는 것이다.

"농사를 지으려면 어떻게 해야 하죠?"

그들이 답한다.

"농사? 가르쳐줘? 그러면 우선 고시래를 해. 푸닥거리면 더 좋
고! 그러면 기가 막혀. 풍산(豊産)의 바알 신이 때마다 비를 내려
주시고 풍작과 풍요를 누리게 해주시고, 다산을 주셔. 이분을 잘
모셔."

이런 그럴듯한 코치에, 아직도 정보가 부족한 이스라엘 사람들은 혹하게 되는 것이다.

"그러면, 우리가 믿어왔던 야훼는 누구고, 바알은 누구지? 아스타롯은 누구지?"

여기서 정체성이 헷갈린다. 이 중에서도 분별력이 있는 이는 "저거는 가짜고 이거는 진짜다"라며 유일신론으로 가는데, 분별력이 없는 이들은 다신론(多神論)으로 가버린다.

"이 신도 맞고, 저 신도 맞구나."

주목할 것은 이들이 야훼를 완전히 버리지는 않았다는 사실이다. 야훼 하느님은 전쟁을 치를 때 부르고, 농사지을 때는 바알한테 가서 빌겠다는 심산이었다. 처음에는 교육이 잘되어 있어서 "안 돼, 안 돼" 했으나, 시간이 흘러가다 보니 "왜 안 돼? 둘 다 맞는 거 아냐?" 이렇게 되어버린다. 그래서 양다리를 걸치게 된다. 이에 대하여 나중에 열왕기 상권에서 엘리야 예언자는 이런 주문을 한다.

"여러분은 언제까지 양다리를 걸치고 절뚝거릴 작정입니까? 주님께서 하느님이시라면 그분을 따르고 바알이 하느님이라면 그를 따르십시오"(1열왕 18,21).

더는 양다리 걸치지 말고, 선택을 하라는 것이었다. 온전히 맡기라는 것이었다.

비극의 시작　　이렇게 해서 판관기 저변을 흐르는 복선 하나가 방금 밝혀진 셈이다. 그 두 번째가 바로 '하느님을 모르는 세대'다. 판관 시대는 실제적으로 이들의 출현과 함께 시작되었다고 볼 수 있다. 판관기 전체의 사실상 대전제가 되는 것이 다음의 문장이다.

"그의 세대 사람들도 모두 조상들 곁으로 갔다. 그 뒤로 주님도 알지 못하고 주님께서 이스라엘에게 베푸신 업적도 알지 못하는 다른 세대가 나왔다"(판관 2,10).

이제 가나안 정착을 마무리한 세대는 모두 세상을 떠났다. 머지않아 '다른' 세대가 나왔다. 그들은 '주님'도, '주님의 업적'도 모르는 세대였다. 이 말은 무슨 뜻인가? 이는 이 세대에게 하느님에 대한 경험적 지식이 없다는 얘기다. 성경에서 '안다'는 것은 경험적 지식을 가리킨다. 어찌 귀동냥 정도야 없었겠는가만, 그것은 참 앎이 아니었다.

이는 드라마틱하게 신앙체험을 한 조상 세대의 그것과는 대조를 이루는 것이었다. 그들은 하느님의 위대하신 역사(役事)를 경험했다. 그들은 역경 속에서 자신들을 도우시는 하느님의 권능과 손길을 체험했다. 이것이 1세대의 신앙체험이었다.

하지만 시간이 흐르면서 그 약발이 시들어갔다. 그리하여 '야훼 하느님'은 그들에게 단지 소문 속의 하느님일 뿐 더는 자신들의

142

하느님이 아니었다. 그들은 사도 바오로의 표현처럼 "겉으로는 신심이 있는 체하여도 신심의 힘은 부정"(2티모 3,5)하는 세대였던 것이다. 이것이 전환기의 비극이었다. "비극의 시작!" 아마도 이보다 더 적절한 표현은 없을 것이다.

역사의 어느 지점에서 이를 안타까이 여기는 이름 없는 신앙 선량(善良)의 개탄은 그대로 세세에 공감될 기도소리다.

"하느님 없대요. 십계명 디스(diss)한대요. 성당 싫대요."
"기도를 안 하려고 해요. 애들 땜에 속상해 죽겠어요."
"종교는 자유니까 간섭 말래요. 더 끌리는 데가 있대요."

이보다 더 큰 비극은 없다.
하느님을 잃는 것은 인생을 잃는 것.
아니 모든 가능성을 잃는 것.
존재의 기반(基盤)을 내동댕이쳤는데, 산들 무슨 의미
맺힐꼬.
스스로 원천(源泉)을 떴는데, 무엇으로 생동력과 지혜를
충당할꼬.
아무리 대안을 궁굴려봐도 도통 답이 안 나오는 파국이다.

기드온 /비운의 판관

5단계 공식　지혜란 우리가 늘 봐오던 현상에서 어떤 법칙 (성)을 꿰뚫어볼 줄 아는 안목이다. 그러기에 지혜를 얻으면 현실문제의 원인과 답을 보는 혜안이 열린다. 국가 적으로 난국에 처했을 때 정치 지도자가 현자를 귀하게 모시고 고 견을 청해 들어야 하는 것은 바로 이런 까닭에서다.

　이런 의미에서 판관기는 '지혜'의 책이다. 판관기는 우리에게 역 사에서 거듭되는 '5단계 공식'을 전한다. 일종의 반복된 패턴! 이 것이 역사의 흐름에서 발견된다는 것이다.

　1단계로, '하느님을 모르는 세대'가 '우상' 숭배에 빠진다. 하느 님을 거스르는 죄를 짓는 것이다.

　2단계로, 그 죄의 결과로서 외침(外侵)을 받는 쓴맛을 본다. 보호하고 지켜주시던 하느님이 등을 돌리니 외적의 침입에 속수무책일 수밖에 없다.

3단계로, 압제에 시달리다 못해 백성들이 못 살겠다고 탄원을 한다. 혹독한 고난 끝에 잘못을 인정하고 회개하면서 "우리가 이제 바르게 살겠습니다" 하며 살려달라고 기도한다.

4단계로, 하느님께서 판관을 세우신다. '판관'은 영어로 'Judge', 심판 곧 재판관이다. 이를테면 역사의 재판관, 정의의 사도라는 뜻이다. 판관들을 세우실 때 특별히 임명식이 있는 것은 아니다. 성경에는 "야훼의 영이 내렸다"(판관 3,10; 6,34 참조)고 되어 있다. 원어로 '내렸다'라는 표현에는 '덮쳤다'는 뜻이 강하다. 카리스마로 덮쳐 휘어잡았다는 뜻이다. 판관에게 최고의 무기는 카리스마다.

5단계로, 판관이 이끄는 급조된 병력이 승리해서 다시 평화가 찾아온다.

재미있는 사실은 이 판관이 죽고 나면 다시 똑같은 드라마가 반복된다는 점이다.

"판관이 죽으면 그들은 조상들보다 더 타락하여, 다른 신들을 따라가서 그들을 섬기고 경배하였다. 그들은 이렇게 자기들의 완악한 행실과 길을 버리지 않았다"(판관 2,19).

이리하여 위의 5단계 공식이 다시 반복되는 것이다. 가만히 짚어보면 5단계 공식은 오늘날 우리 신앙인생에서도 비슷하게 재연된다.

조금씩 변형된 모양새지만, 실질적 냉담⑴ → 우환⑵ → 회개와 탄원⑶ → 도우심⑷ → 은총의 세월⑸이라는 드라마가 오늘 우리들에게도 극적으로 반복되고 있지 않은가.

기드온 가(家)의 흥망

판관기 기술에서 비교적 비중 있는 분량이 배정된 판관들로 에훗, 드보라, 기드온, 입타, 삼손 등이 있다. 이들의 이야기 가운데 영성적으로 특별한 영감을 주는 인물을 꼽으라면 나는 기드온을 꼽겠다.

기드온 이야기의 발단은 역시나 이스라엘 백성이 '야훼의 눈에 거슬리는 일'을 했다는(판관 6,1 참조) 사실이었다. 그리하여 이스라엘은 미디안족의 손에 붙여져 7년간 혹독한 압제에 시달려야 했다(판관 6,2-6 참조). 온갖 횡포를 견디다 못한 이스라엘 백성이 부르짖자, 하느님께서는 므나쎄 지파에 속하는 농부의 아들 기드온을 부르신다. 그는 그다지 준비된 사람은 아니었다. 기드온은 하느님의 말씀을 거부한다.

"나리, 외람된 말씀입니다만, 제가 어떻게 이스라엘을 구원할 수 있단 말입니까? 보십시오, 저의 씨족은 므나쎄 지파에서 가장 약합니다. 또 저는 제 아버지 집안에서 가장 보잘것없는 자입니다"(판관 6,15).

하지만 야훼 하느님께서는 그를 안심시켜주시며, 가장 먼저 산

146

성 위 바알 제단을 허물고 그 자리에 야훼의 제단을 구축하도록 명하신다. 기드온은 부하 열 명을 데리고 하룻밤 사이에 이 도발적(?)인 미션을 수행한다. 이는 결과적으로 민심을 동요케 하여 백성들로 하여금 누가 '참 하느님'이신가를 진지하게 묻게 한다.

이 일로 백성들의 주목을 받고 있던 기드온에게 야훼의 영이 내려 그를 독려한다. 그래서 여러 지파의 사람들을 모았더니 3만 2,000명 정도가 된다. 하지만 기드온은 아직 자신이 없다. 전쟁을 하면 반드시 이긴다는 보장도 없다. 이에 기드온은 하느님께 징표를 요구한다. 그는 양털을 땅에다 깔아놓고 이렇게 기도한다. "양털만 촉촉하게 적셔지면 제가 하느님이 임한 줄을 알겠습니다"(판관 6,37 참조).

그러자 그대로 되었다. 하지만 기드온은 여전히 불안하였다. 그래서 다시 한 번 청한다. "양털만 마르고 다른 땅을 적셔주시면 믿겠습니다"(판관 6,39 참조).

하느님께서는 그것도 그대로 해주셨다. 이에 용기를 얻은 기드온은 전쟁터로 나가는데, 야훼의 말씀이 희한하다.

"병력 숫자를 줄여라, 너무 많다. 그러기에 이스라엘 사람들이 나를 아는 체도 않고 제힘으로 승전했다고 으스댈 위험이 있다. 자신 없는 사람은 집으로 다 가라 그래라. 억지로 하는 것이 아니다"(판관 7,2-3 참조).

그랬더니 2만 2,000명이 돌아가고 1만 명이 남았다. 이 가운데서 또 추리신다.

"이 중에서 내가 고르겠다. 물가로 데려가 물을 마시게 하여라"(판관 7,4 참조).

그래서 기드온은 군사들을 물가로 데려가 물을 마시게 한다. 여기서 야훼의 말씀이 또 괴팍스럽다.

"개가 핥듯이 물을 핥는 자를 모두 따로 세워라. 무릎을 꿇고 물을 마시는 자들도 모두 따로 세워라. 〔…〕 나는 물을 핥아 먹은 사람 삼백 명으로 너희를 구원하고, 미디안을 네 손에 넘겨주겠다. 나머지 군사들은 모두 고향으로 돌아가게 하여라"(판관 7,5.7).

어쨌든, 분부대로 행했더니 남은 숫자는 300명이었다. 결국 기드온은 하느님의 말씀대로 이들을 이끌고 진격하여 전쟁에서 이긴다. 백성들은 전공을 세운 그에게 "왕이 되어주십시오" 하고 청하지만 사양한다. 이후 기드온의 시대 마흔 해 동안 이 땅은 평온하였다.

하지만 그의 후손 70명은 단 1세대도 넘기지 못하고, 권력욕에 불타던 소실의 아들 아비멜렉에 의해 집단 살해되는 참극의 주인공들이 되었다. 훗날 아비멜렉 역시 비참한 최후를 맞게 되었지만, 결국 이 역시 기드온 가(家)의 끔찍한 말로를 확증하는 것일 뿐이었다. 왜 이 지경이 되었을까? 판관기는 이것이 기드온의 경솔한 잘못에서 비롯되었다고 기록한다, 곧 기드온이 미디안족을 물리친 직후 전리품 장신구들을 모아 대사제의 제복 '에폿'을 만들어

이를 우상화한 죄가 화근으로 작용했던 것이다(판관 8,27 참조).

여기서 우리는 또 우상숭배의 잔재를 먼지까지 청산하라는 '헤렘 법'을 글자 그대로 지키지 않았을 경우 어떤 파국에 직면하게 되는지를 다시 쓰라린 공감으로 확인한다.

이 사람이다

바로 앞 이야기 끝자락에서 우리는 '개처럼 핥아서' 마시는 사람이 야훼의 병사들로 뽑힐 마지막 조건임을 보았다. 손바닥으로 물을 떠서 '개처럼' 핥는다! 왜 하필 이런 사람?

곰곰 묵상에 잠겨 드니, 영감 어린 하늘 지혜의 음성이 귓가를 맴돈다.

⌃

이 사람이다.
물가에서 '무릎을 꿇은 채' 물을 마시지 않는 사람!
바로 그 사람이다.
자애심에 허투루 무릎을 꿇지 않는 사람.
주저앉아 몸이 굼뜨지 않은 사람.
용기가 궁하여 마음으로 뜸 들이지 않는 사람.

이 사람이다.
물가에서 손으로 물을 떠서 핥아서 마시는 사람!
바로 그 사람이다.

매 순간 선비의 곧음으로 자존감을 지키는 사람.
공분으로 정신이 기민한 사람.
명령에 쫑긋하며 즉시 움직일 태세를 갖춘 사람.

이 사람이
3만 2,000의 경쟁자 중 300명 안에 뽑힐
바로 그 사람이다.
그가 바로
"훌륭히 싸워, 의로움의 화관"(2티모 4,7-8 참조)을
쓰게 될
하느님의 용사다.

≫

룻 / 명가의 비밀

그녀가 누구지? 남성 가부장적인 사고가 절대적으로 지배했던 중동권에서 여성을 주인공으로 삼아 역사를 기술하는 것은 극히 예외적인 일이다. 그럼에도 구약성경은 세 명의 여성에게 그런 영광을 부여하였다. 바로 룻, 유딧 그리고 에스테르다. 이 중에서도 유딧과 에스테르는 실제로 이스라엘 민족과 야훼 신앙 수호에 몸을 던져 영웅적인 역할을 감당했기에 명분을 인정해줄 만하다.

하지만 룻의 경우는 좀 다르다. 룻기 전체의 흐름을 보면 그냥 한 가정의 이야기일 뿐이다. 시어머니 나오미와 모압 여인 룻 사이에서 연출되는 찡한 가족애에 대한 구연(口演)문학이라 할까.

그렇다면, 왜 룻기가 당당히 성경의 중요한 페이지를 장식하게 되었을까. 이는 룻이 결과론적으로 이스라엘의 성왕 다윗의 고조

할머니가 되기 때문이었다. 족보를 중히 여겼던 유다인들에게 "그녀가 누구지?", "어떻게 한 모압 여인이 다윗의 조상이 되었단 말인가?" 하는 물음 뒤에 숨겨진 하느님의 예지는 주목받을 가치가 있었던 것이다.

이쯤 되면, 다시 궁금해진다. "룻, 그녀가 누구지?"

그 시어머니에 그 며느리

룻기는 한 가족의 이야기에서 출발한다. 여기서는 나오미가 주인공이다. 그녀에게 엘리멜렉이라는 남편이 있었는데, 이들은 베들레헴 지역을 덮친 극심한 기근을 피해 자녀 둘을 데리고 모압이라는 곳으로 이주한다. 이곳은 이방지역이었다.

그곳에서 남편이 죽고, 아들 둘 다 결혼한 다음 자식도 못 낳고 또 죽는다. 그러니 누구만 남는가? 시어머니 나오미와 두 며느리! 참으로 기구한 팔자의 여인들이다. 그런데 나오미는 신식 시어머니였다. 그래서 며느리들에게 이렇게 말한다.

"다들 집으로 돌아가 새로 시집가거라. 나는 내 길을 찾아 고향으로 가련다."

이 말을 들은 며느리 오르파는 슬픔 속에 못 이기는 척 받아들이지만, 룻은 극구 사양한다. 대신 곧바로 자신의 결심을 밝힌다.

"어머님 가시는 곳으로 저도 가고 어머님 머무시는 곳에 저도 머물렵니다. 어머님의 겨레가 저의 겨레요 어머님의 하느님이 제 하느님이십니다. 어머님께서 숨을 거두시는 곳에서 저도 죽어 거기에 묻히렵니다"(룻 1,16-17).

아주 아름다운 이야기다. 남편의 어머니와 겨레에 대한 충절을 넘어, 유일신 하느님에 대한 지혜 어린 신앙의 향기가 모락모락 피어오르고 있음을 누가 부인할 수 있으랴.

룻의 '고엘', 보아즈

결국 나오미가 룻을 받아들인다. "그래, 정 그렇다면 함께 가자."

막상 베들레헴으로 돌아가 보니, 그곳은 기근이 끝나서 저마다 생계를 꾸려나가고 있었다. 하지만 정작 본인들은 하루하루를 끼니 걱정으로 지내야 할 형편이다.

이 시절 과부들의 사정은 이미 끝난 것이었다. 농경사회다 보니 노동력이 없는 여인들은 남편이 죽으면 살길이 없다.

그래서 생긴 법이 수혼 법이다. 이는 레위기 25장에 나오는데, 이 법은 당시의 상황을 고려해볼 때 인류문화유산으로 여겨도 손색없을 만큼 귀한 보물이다.

수혼 법은 가장이 유고를 당해 한 집안에 어려움이 닥쳤을 때, 가까운 친척이 도와줘야 한다는 실용적인 규정이다. 곧, 어쩔 수 없이 여성이 가장 역할을 하는 집안에 살인 사건이 났을 때, 채무로 인해 노예로 팔릴 처지가 되었을 때, 생계가 곤란에 처했을 때 등등의 경우에, 가까운 친척이 실질적인 보호자 역할을 해주어야 한다는 규정이다. 수혼 법은 한 집안에 대가 끊겼을 때도 적용된다. 그럴 경우, 친척 가운데 누가 그 여인을 아내로 맞이해서 자식을 낳아 대를 이어주어야 한다. 이 역할을 하는 사람을 '고엘'이라고 부른다. 고엘은 '속량자'라는 뜻이다.

이것이 룻의 고엘이 될 '보아즈'를 등장시키는 배경이 된다.

베들레헴으로 돌아간 어느 날, 룻이 끼니를 때우기 위해 남의 집 밀밭에 가서 밀 이삭을 줍는다. 바로 그때 그 땅의 주인 보아즈가 나타난다. 그는 심성이 좋은 사람. 그가 보니 웬 낯선 이방 여인이 와 있는데, 참 사정이 딱해 보인다. 그래서 더 가지고 가라며 호의를 베푼다. 그랬더니 룻이 집에 가서 나오미에게 이야기를 한다.

"어떤 분이 있는데, 그분이 아주 훌륭하고 좋으신 분이에요."

"그분이 바로 너의 고엘이 되실 분이다."

이제 나오미는 대를 이어야 한다는 생각에서 룻에게 수혼 법의 취지를 가르쳐주며 코치한다. 보아즈 역시 룻에게 마음이 있었다. 하지만 친척 중 순번이 밀렸다. 그러니 앞 순번의 남자에게 공개적으로 의사를 물어 '거절'의 뜻을 확증하는 절차를 거쳐야 했다.

룻을 마음에 두었던 보아즈는 지혜롭게 이 절차를 밟는다. 룻을 아내로 맞이하는 상황을 부담스럽게 설명하여 앞 순번의 남자로부터 "내가 왜 괜히…, 부담스럽게 왜 그래" 하며 회피하는 답변을 하도록 유도한다. 이리하여 보아즈는 룻을 합법적인 아내로 취하게 된다.

그런데 룻의 무엇이 보아즈를 사로잡았을까? 당사자인 보아즈 자신의 증언이다.

"네 남편이 죽은 다음 네가 시어머니에게 한 일과 또 네 아버지와 어머니 그리고 네 고향을 떠나 전에는 알지도 못하던 겨레에게 온 것을 내가 다 잘 들었다. **주님께서 네가 행한 바를 갚아 주실 것이다.** 네가 이스라엘의 하느님이신 주님의 날개 아래로 피신하려고 왔으니, 그분께서 너에게 충만히 보상해 주시기를 빈다"(룻 2,11-12).

그렇다면 보아즈는 또 어떤 사람인가? 시어머니 나오미의 칭송이다.

"그분은 산 이들과 죽은 이들에 대한 당신의 자애를 저버리지 않으시는 주님께 복을 받을 것이다"(룻 2,20).

이 구절은 공동번역 성서에서는 반어법을 동원하여 "그분이 야훼께 복을 받지 못하면, 누가 복을 받겠느냐?"라고 번역되어 있다. 최상의 극찬이다. "야훼 하느님의 복을 누려 마땅한 사람!" 이것이 다윗의 3대 웃조상 룻과 보아즈의 한 문장 프로필이다. 곱씹어보면 결국 명가(名家)의 비밀인 셈이다.

≪

어찌 야훼께서 갚아주시지 않으리.

사별한 남편의 어머니, 일편단심으로 따르고

천지에 퍼진 야훼 하느님 명성, 명민심상으로 흠숭하고,

궁벽한 시댁살이 야훼의 날개 아래 둥지를 튼,

이 갸륵한 모압 여인,

어찌 야훼께서 모른 체하시리.

그가 아니라면 누가 복을 받으리.
날마다 식솔들에게 "주님께서 자네들과 함께"(룻 2,4)를
빌어주는 그,
배곯은 이방인에게 먹거리를 베풀고 융숭히 대접하는 그,
그런 지극 선량(善良)이 아니라면
그 누가 복을 받으리.

옳거니! 모두가 한통속이로구나.
사실상 남남인 시어머니를 일부종사(一夫從事)로 모신 룻
이나,
가련한 이방 여인에게 '고엘'이 되어준 보아즈나,
지나가는 길손을 육식진미로 환대한 아브라함이나,
결국 그 순정의 종착역은 야훼 하느님 마음이었으니.

아멘, 아멘! 그리하여 모두가 한통속이로구나.
스치는 인연을 통해 하느님을 뫼시는 횡재를 누려,
"너는 복이 될 것이다"(창세 12,2).
자손 대대로 유효한 약속을 받은 주인공이기는
모두가 한통속이로구나.

한나 /독종 믿음 여걸

한 맺힌 한나의 중얼중얼 기도   판관 시대가 끝나갈 무렵, 엘카나라는 사람이 있었다. 그에게는 본처 한나와 후처 프닌나라는 두 아내가 있었다. 프닌나에게는 자식이 있었으나 한나에게는 자식이 없었다. 이것이 한나에게는 견디기 힘든 괴로움이었다. 특히 해마다 온 가족이 '실로' 성전에서 제사를 바칠 때마다, 그녀는 수치스러운 눈물을 속으로 삼켜야 했다. 제사를 올리고 나서 가장 엘카나가 제물을 분배할 때, 프닌나는 자식들의 몫까지 챙겨 받았지만 한나 자신은 단지 한 사람 몫만 받아야 하는 꼴이 너무 비루하게 느껴졌던 것이다. 고기 양(量)은 그대로 남편 사랑의 비중을 상징하는 것이었기에 더욱 그랬다. 게다가 이를 빌미로 프닌나의 괄시는 점점 드세어졌으니, 한나의 신세는 그야말로 죽지 못해 사는 형국이었다.

참다못한 한나! 어느 해 그녀는 실로 성전 제사가 끝나자, 성전에 남아 한풀이 기도를 바친다.

"만군의 주님, 이 여종의 가련한 모습을 눈여겨보시고 저를 기억하신다면, 그리하여 당신 여종을 잊지 않으시고 당신 여종에게 **아들 하나만 허락해 주신다면, 그 아이를 한평생 주님께 바치고** 그 아이의 머리에 면도칼을 대지 않겠습니다"(1사무 1,11).

기도하는 마음이 참으로 애처롭다. 또한 기도의 취지랄까 논리랄까가 독특하다. 아들을 낳아서 번듯하게 키워보고 싶다는 바람이 아니라, 그저 아들 하나만 낳게 해주시면 그것으로 족하겠다는 가련하고 초라한 기도! '자식 못 낳는 여인'이란 손가락질이 얼마나 한스러웠으면 이런 기도가 나왔으랴. 도로 '바치겠다'는 서원이 장한 믿음의 발로라기보다 협상용 카드로만 보여 더욱 짠하게 읽힌다.

그런데 성전의 (주임)사제 엘리가 우연히 이 장면을 본다. 그가 보기에 웬 여인이 입술로 중얼중얼하는데 소리는 들리지 않는다. 사제는 한나를 술 취한 여인으로 알고 꾸짖는다.

"언제까지 이렇게 술에 취해 있을 참이오? 술 좀 깨시오!"(1사무 1,14)

이에 한나가 답한다.

"저는 너무 괴롭고 분해서 이제껏 하소연하고 있었을 뿐입니다"(1사무 1,16).

마음이 어느 지경에 이르면 이런 기도가 나올까? 한나의 원(願)은 절절하다. 기운은 쇠잔해 있다. 하지만 작정을 하고 앉았기에 일어설 수도 없다. 그러함에 소리 없는 중얼거림으로 바치는 기도는 야훼 하느님의 경청에 이끌려 점차 삼매(탈혼)에 잠긴다.

＾

중얼중얼, 중얼중-어-얼, 언제 그치리이까 이 서러운 신세.
보셨죠, 방금 프닌나, 제 나중 것의 참을 수 없는 거드름.
"여보, 당신에게 자식은 없지만, 내가 있지 않소!"
들으셨죠, 진즉 맘 뜬 지아비 엘카나의 영혼 없는 위로.
아시죠, 그네 멸시의 눈빛, 코웃음, 비아냥에 때 없이 울컥이는 제 초라함.

웅얼웅얼, 웅얼웅-어-얼, 이 기구망측한 여종 어여삐 보아주소서.
나의 주님, 엎디어 눈물 뿌리오니, 이 처량한 꼴만은 면케 해주소서.
오만한 제 다음 것 앞에서, 떡두꺼비 같은 아들 하나 낳게만 해주소서.
나의 주님, 배냇소리 탄식으로 청하오니, 풀죽은 제 면(面)을 세워주소서.
딱 한 번만이라도 지아비에게서 "당신이 내 지어미" 고백 듣게 하소서.

나의 주님, 생명의 잉태 당신 뜻에 달린 것, 제게 사내아이 하나만 점지해주소서.

그저 한 번만 낳게 해주소서, 도로 바치리이다.

그리만 된다면야, 무슨 원이 더 있으리이까.

홍얼홍얼, 홍얼홍-어-얼, 꿈이런가 생시런가, 홀연 황홀하구나.

샬롬 나의 하느님, "내가 프난나라면 더 했을 터", 찰나의 깨달음에 벌써 화평입니다.

어화둥둥 나의 하느님, 님께서 나의 미쁘신 연인(아가 2,16 참조), 이미 벅찬 영광입니다.

지화자 나의 하느님, 점입가경 사랑의 몽환

그대로 희열입니다.

찬양이로다.

감사로다.

해묵은 넋두리 구시렁거렸더니, 응답보다 더한 성령의 덮침(루카 1,35 참조)이로다.

홍얼홍얼, 홍얼홍-어-얼, 할렐루야, 아멘!

독종 한나   속엣것까지 보시고, 들으시고, 아시는(탈출 3,7 참조) 야훼 하느님께서는 결국 한나의 기도를 들어주셨다. 응답으로 아들을 얻게 된 한나! 그녀는 "'내가 주님께

청을 드려 얻었다.' 하면서, 아이의 이름을 사무엘이라 하였다"(1사
무 1,20). 그리고 그녀는 서약을 지켰다.

한나는 독종이다. 보통 독종이 아니다. 그녀는 아이를 '주님께
바치겠다'는 서원을 독한 마음으로 이행했다. 기한이 정해진 것도
아니었는데, 그녀는 아이가 젖을 떼자마자 사제 엘리 문하에 바쳤
다. 엄마 편에서 보자면 만으로 두 살쯤 된 아이, 걸음마나 제대로
했을까 모를 아이와 매정하게 헤어진 것이다. 이게 보통 여성에게
가능한 일인가? 왜 그랬을까?

한나는 약속을 지키지 못할까 두려웠던 것이다. 그래서, 조금만
더 정이 들면 유혹의 빌미에 넘어갈 수도 있다는 생각에서, 아이
에게 필요한 최소한만큼 젖을 먹이고 마음 약해지기 전에 봉헌하
겠다는 뜻을 남편 엘카나에게 분명히 밝혀두었다.

"아이가 젖을 뗄 때까지 기다렸다가, 그 아이를 데리고 가서 주
님께 보이고, 언제까지나 그곳에서 살게 하겠습니다"(1사무 1,22).

한나에게라고 어찌 모성이 없었으랴. "도로 바치겠다" 서약했
으니, 낳은 정 위에 기른 정이 쌓여가면서 기일을 유보할 핑계야
얼마든지 생기지 않겠는가?

"주님, 막 젖을 떼려니까 얘가 이제 말문이 열리네요. 말 좀 가
르쳐주고 바칠게요."

"그래도 걸음마는 해야 하지 않겠어요? 뛰는 것까지 좀 보고 바
칠게요."

"아이고 주님, 그래도 예절 교육은 좀 시켜야 하지 않겠어요?
그런 연후, 꼭 바칠게요."

"…"

하지만 서원을 지키겠다는 한나의 의지는 결연했다. 이윽고 젖
을 떼자 한나는 눈 딱 감고 사무엘을 봉헌한다. 그때 실로 성전에
서 바친 한나의 기도는 이제 한 평범한 여성의 기도가 아니었다.

"제 마음이 주님 안에서 기뻐 뛰고
제 이마가 주님 안에서 높이 들립니다.
제 입이 원수들을 비웃으니
제가 당신의 구원을 기뻐하기 때문입니다.
주님처럼 거룩하신 분이 없습니다.
당신 말고는 아무도 없습니다.
저희 하느님 같은 반석은 없습니다"(1사무 2,1-2).

이어지는 기도의 장사설은 성경 속 믿음의 여인들이 바친 찬미
노래와 곡률을 같이하며 공명한다. 굵은 글씨체의 기도문에 잠시
머무르노라면, 하느님을 향한 끓는 연모와 절대 의탁이 웅혼하게
약동하지 않는가.

내 나라를 세우라

사무엘
다윗
솔로몬
엘리야
엘리사
호세아

사무엘 /킹메이커

하느님의 다른 계획　　한나의 기도를 들으시고 야훼 하느
님께서 내려주신 아이, 사무엘. 그
는 엄마의 독종 신앙 덕에 '젖을 떼자마자' 도로 하느님께 봉헌되
어, 실로 성전의 사제 엘리 밑에서 양육된다. 실로 성전은, 야훼의
궤가 모셔져 있어, 이를테면 예루살렘 성전의 전신이었다. 그러니
사제 엘리는 이스라엘을 대표하는 대사제였던 셈이다.

그런데 사무엘이 그런 엘리의 수하에서 자란다고 하여 그가 사
제가 되는 것을 의미하지는 않았다. 본디 사제직은 아론의 후예들
에게 세습되었다. 그러기에 실로 성전을 관장하는 사제직에 대한
우선권은 엘리의 자녀들에게 유보된 것이었다.

하지만 하느님께서는 이미 다른 계획을 갖고 계셨다. 사무엘을
엘리의 자식들을 대신하여 실로 성전을 책임질 엘리의 후계자로

세우기로 작정하셨던 것이다. 왜 그러셨을까? 엘리의 자식들이 하느님 눈을 거스르는 죄를 자꾸 범하여 하느님 마음에 들지 않았기 때문이다(1사무 2,17.25 참조). 이 일은 두 단계로 이루어진다.

첫 번째 순서로, 사무엘을 공공연하게 부르신다(1사무 3장 참조). 유년기의 사무엘에게 어느 날 어디선가 자신을 부르는 소리가 들린다. 사무엘은 엘리가 부른 줄 알고 그에게 가서 물어본다. "부르셨습니까?"

엘리가 대답한다. "어? 아니야, 아니야."

이런 일이 두 번 더 반복된다. 엘리는 마침내 알아차린다. 엘리는 사무엘에게 이렇게 일러준다. "다음에 또 그러거든 '말씀하십시오. 당신 종이 듣고 있습니다'라고 대답을 한번 해봐라."

사무엘은 그대로 하였다(1사무 3,10 참조). 그랬더니 정말 야훼 하느님께서 사무엘에게 대화를 시작하신다. 이것이 그 유명한 사무엘의 성소(聖召) 이야기다. 이는 사무엘을 향한 하느님의 부르심이기도 했지만, 동시에 사제 엘리를 향한 일종의 '귀띔'이기도 했다.

두 번째 순서로, 사제 엘리 일가를 몰락시킨다. 이는 비극적으로 진행된다. 하느님께서는 타락한 엘리의 아들들을 치시기 위하여 인근 필리스티아군의 침공을 허락하신다. 일단 방어군이 대패하자 엘리의 두 아들이 백전백승의 담보인 '야훼의 궤'를 앞장세워 군사들과 함께 전쟁터에 나간다. 그런데 적에게 패하는 것은 물론 두 아들이 전사하고 야훼의 궤마저 빼앗기고 만다. 이 비보를 들은 엘리는 그 충격으로 목이 부러져 죽는다(1사무 4,18 참조).

결국 사제 엘리 집안의 대는 끊기게 되고, 실로 성전 사제직은 공석이 된다. 후임은 당연히 실로 성전에서 잔뼈가 굵은 사무엘이 될 수밖에 없었다. 참으로 기막힌 방법으로 역사하시는 하느님의 손길이다.

킹메이커

엘리의 제자였던 사무엘은 이제 실로 성전을 관장하는 '사제'가 된다. 판관 시대 당시의 과도기적 상황에서 사무엘은 이와 동시에 '예언자'요 '판관'으로 활약하도록 부름받는다. 판관으로서도 사무엘의 위업은 혁혁한 것이었다. 그의 기도로써 천둥 번개까지 동원되었으니(1사무 7,10 참조), 백성에게 그의 권위는 가히 일신(一神)지하 만인(萬人)지상의 것이었다.

하지만 후대의 역사가 기억하는 사무엘의 정체성은 누가 뭐래도 '킹메이커'다. 그는 판관 시대를 종식시키고 왕정 시대를 여는 데 결정적인 역할을 하였다.

판관 시대가 200년 이상 지속되자 백성들은 점점 나라를 안정적으로 통치해줄 '임금'을 원한다. 결국 하느님께서는 폭정과 착취로 기울 수 있는 왕정의 위험을 충분히 숙지시켜주신 후, 사무엘로 하여금 임금을 뽑아 세울 것을 명하신다.

그렇다면, 하느님께서는 어떤 인물을 임금감으로 미리 눈여겨 봐 두셨을까.

우선, 벤야민 지파의 한 사람, 사울이다. 그는 잘생긴 외모(1사무 9.2 참조)와 겸손한 마음(1사무 9.21 참조)을 겸비한 인물이었다. 하느님께서는 그를 택하시고는 사무엘에게 기름 붓는 예식 절차를 밟게 하신다. 이에 "하느님의 영이 사울에게 들이닥치니"(1사무 11.6), 당시 30세의 사울에게 임금의 카리스마가 임하여 초기 몇 년간은 강력한 리더십으로 훌륭하게 통치를 하였다.

하지만 이렇게 잘나가던 사울은 이내 하느님의 눈 밖에 나게 된다. 그 이유는 사울이 급박한 상황논리를 내세워 사무엘의 예언직과 사제직에 월권을 행하고(1사무 13장 참조), 제물 마련을 핑계로 우상의 잔재를 몰살해야 하는 헤렘 법을 어겼기 때문이다(1사무 15.13-23 참조). 사울의 이런 불순명은 하느님의 후회를 촉발시켰다. 이에 사무엘은 사울에게 다음과 같이 유명한 말을 전한다.

"진정 말씀을 듣는 것이 제사드리는 것보다 낫고 말씀을 명심하는 것이 숫양의 굳기름보다 낫습니다. 〔…〕 임금님이 주님의 말씀을 배척하셨기에 주님께서도 임금님을 왕위에서 배척하셨습니다"(1사무 15.22-23).

다시 다윗에게 기름부음

이후 사무엘은 더 이상 사울을 보지 않았다. 바로 이 시점에 하느님께서는 한 아이를 미리 왕으로 점지해놓으신다. 그리고 사무엘을 그에게로 보내시며 미리 축성을 해놓도록 분부하셨다. 바로 다윗이다. 즉위식까지는 못 되지만, 그가 뽑힌 기준은 이랬다.

"나는 사람들처럼 보지 않는다. 사람들은 눈에 들어오는 대로 보지만 주님은 마음을 본다"(1사무 16,7).

바로 그날 저녁, 실로 성전에서는 사무엘의 나지막한 기도 소리가 평화로이 맴돌지 않았을까.

⌃

기름을 부었습니다.
오늘, 주님 손수 점지하신 사내아이 정수리에
성령의 올리브유 한껏 부었습니다.
8형제 가운데 그의 아비 이사이의 천거를 받은
선 굵은 재목들은 모조리 퇴짜 놓으시고,
"너희, 외모를 보지만, 나, 마음을 본다"시며
굳이 찜해주신 파리한 막내 아이 보름달 같은 머리통.
그 위에 성별된 이 종의 손을 얹었습니다.

홀연, 번개 내리듯 찌릿하게 성령이 덮쳤습니다.
순간, 주님만 아시고 저만 들은 말씀 여진이 되어
줄곧 제 뇌리를 연타합니다.
"그가 참 임금이다. 나는 그 나라의 왕좌를 영원히 튼튼하게 할 것이다"(2사무 7,13 참조).

기름을 부었습니다.

그때, 주님 분부 따라, 잘생긴 외모에 겸손을 갖춘 호걸
(豪傑)에게

정성을 모아 성령의 도유를 하였습니다.

그와 함께 불현듯 임한 카리스마는 백성들의 연호 속에,

승승장구 '사울 만세'로 빛났습니다.

방심하면 추락을 부르는 것이 칭송의 뒤끝!

슬며시 움튼 그의 교만은 제 사제직을 범하고,

급기야 말씀과 주님까지 배척했습니다.

벼락처럼 내리신 주님의 후회심정과 배척응징을 전한
이후,

제 입술은 입때까지 떨리기만 할 뿐.

아―아 오늘,

다시 기름을 부었습니다.

시방도 주님만 아시고 저만 들은 말씀 여진이 되어

줄곧 제 뇌리를 연타합니다.

"그가 참 임금이다. 나는 그 나라의 왕좌를 영원히 튼튼

하게 할 것이다"(2사무 7,13 참조).

다윗 1 / 도망자

쫓는 자와 쫓기는 자　　　킹메이커 사무엘에 의한 소년 다윗의 발탁과 기름부음은 전적으로 사울 왕의 몰락 과정과 관련이 있다.

그렇다면 사울 왕은 어떤 경위로 몰락의 길에 들어서게 되었는가? 초기의 사울 왕은 성령의 카리스마로 외적을 훌륭히 무찔러가며 승승장구하였다. 하지만 그는 필리스티아인과의 전쟁에서 전력의 열세에 두려웠던 나머지 오로지 사제 사무엘에게만 유보된 '제사'를 직접 올리는 과오를 범하는가 하면(1사무 13장 참조), 아말렉군과의 전쟁에서 승리한 후 헤렘 법을 어기고서 일부 사람들과 살진 가축을 골라 살려두는 잘못을 범했다(1사무 15,13-23 참조).

이 일로 사울 왕은 하느님 눈 밖에 나게 되고 사무엘로부터 "임금님이 주님의 말씀을 배척하셨기에 주님께서도 임금님을 왕위에서 배척하셨습니다"(1사무 15,23)라는 절망적인 통고를 받게 되었다. '주님의 영'이 사울을 떠나자, 사울은 악령의 괴롭힘을 받는다(1사무 16,14 참조). 그는 이 악령을 몰아내기 위해 다윗을 궁중 악사로 들인다.

얄궂고도 운명적인 인연이다. 결과적으로 이는 하느님의 역사였다. 어떻게 됐든 왕위를 대물림해야 하니까 이처럼 두 인물이 자연스럽게 만나도록 하신 것이다. 시간이 흐르면서 왕실에서 소년 다윗은 사울의 집안과 특별한 연을 맺게 된다. 사울의 아들 요나탄과는 후세에 빛나는 우정을 쌓았는가 하면, 딸 미칼을 아내로 맞이하게 되었으니 말이다. 이리하여 사울 왕의 사위가 된 다윗! 운명은 이 둘 사이를 쫓는 자와 쫓기는 자의 처지로 내몬다.

천천만만   사울을 괴롭히는 악령을 몰아내기 위하여 궁중
          악사로 기용된 소년 다윗에게는 '주님의 영'이
줄곧 머무르고 있었다.
  "주님의 영이 나와 함께하고 있다!"
  이는 다윗의 자의식이었다. 소년 다윗은 이 담대함으로 골리앗이라는 필리스티아 거인이 나타났을 때 감연히 나섰다. "제가 해 보겠습니다!" 그러면서 다윗은 막대기 하나를 들고 나간다. 하룻강아지 범 무서운 줄 모르는 듯한 다윗에게 골리앗이 시큰둥한 반응을 보이자 다윗은 골리앗에게 이렇게 이야기한다.
  "너는 칼과 표창과 창을 들고 나왔지만, 나는 네가 모욕한 이스라

엘 전열의 하느님이신 만군의 주님 이름으로 나왔다"(1사무 17,45).

이 말에 다윗의 비밀이 있다. 다윗이 왜 훗날 임금이 되었는가? "만군의 주님 이름으로" 일거수일투족을 행하는 믿음 때문이었다. 다윗은 결국 골리앗을 이겼다.

그 이후 사울이 보내는 곳마다 출전하여 승리하는 다윗. 전쟁에서 승리하고 돌아온 다윗 일행을 환영하며 여인들은 노래한다.

"사울은 수천을 치시고 다윗은 수만을 치셨다네!"(1사무 18,7)

사울은 이 얘기에 몹시 속이 상하여 이렇게 말하였다.

"다윗에게는 수만 명을 돌리고 나에게는 수천 명을 돌리니, 이제 왕권 말고는 더 돌아갈 것이 없겠구나"(1사무 18,8).

그러면서 질투심에 사로잡힌 사울의 눈이 뒤집어진다. 그가 이렇게 민감해진 것은 사무엘과의 결별 때문이다. "사무엘은 죽는 날까지 사울을 다시 보지 않았다"(1사무 15,35). 이 결별은 사울에게 아주 치명적이었다. 아직 신앙이 제대로 형성되지 않은 사울은 이를 받아들이지 않으려 한다. 이런 판에 '천천만만'이 나오니까 당연히 심사가 뒤집어질 수밖에 없다. "이놈만 죽이면 내가 임금 행세를 계속할 수 있는데…."

어쨌든 기름부음받은이 아닌가

질투의 화신이 된 사울은 이제 다윗을 죽이려 한다. 그런데 번번이 실패하고, 오히려 자신이 두 번 궁지에 몰린다.

한 번은 엔 게디 광야로 3천 명의 병사를 데리고 간 사울이 용변이 급해 컴컴한 동굴로 들어갔다. 아무도 안 보이는 그곳에, 마침 다윗 일행이 숨어 있었다! 다윗에게는 복수의 기회였다.

"제대로 들어왔습니다. 죽입시다"(1사무 24,5 참조).

그런데 다윗이 병사들을 말린다. 그리고 칼로 사울의 옷자락만 자른다. 자른 이유는 나중에 살려줬다는 것을 보여주기 위함이었다. 그러면서 그때 다윗이 한 말이 후세에도 두고두고 회자될 만큼 명언이다.

"주님께서는 내가 주님의 기름부음받은이인 나의 주군에게 손을 대는 그런 짓을 용납하지 않으신다. **어쨌든 그분은 주님의 기름부음받은이가 아니시냐?**"(1사무 24,7)

이렇게 다윗은 사울을 살려주었다. 이에 사울은 다윗에게 사과하면서 다윗을 큰 인물로 추켜세운 후 다시는 그런 일이 없을 것이라고 약속하였다.

사람의 마음이란 어쩌지 못하는 것인가 보다. 사울은 금세 또 마음이 변해 다시 다윗의 목숨을 노린다. 어느 날 다윗이 지프 광야 근처에 숨어 있다는 밀고를 받은 사울은 3천 명의 군사를 거느리고 다윗을 뒤쫓았다.

이를 알아챈 다윗 일행은 긴 여행에 지친 사울과 병사들이 깊은 잠에 빠져 있을 때, 사울의 진영으로 몰래 숨어들었다. 다윗의 부하 아비사이는 사울을 죽이자고 했다. 그러나 다윗은 또다시 "그분을 해쳐서는 안 된다. **누가 감히 주님의 기름부음받은이에게 손을 대고도 벌받지 않을 수 있겠느냐?**"(1사무 26,9)며 만류했다. 대신 두 사람은 자신들이 그 자리에 있었다는 증거로 창과 물병을 들고 나왔다. 이 내막을 알게 된 사울은 다시 다윗에게 사죄하고 복을 빌어주며 돌아갔다(1사무 26,21.25 참조).

　　사실 그때는 진심이었을 것이다. 나는 그렇게 믿는다. 사울은 다윗이 눈앞에 있을 때는 진심이지만 돌아서면 또 속이 뒤집히는 것이다. 그래서 일이 자꾸 어그러지는 것이다.

　　도망자 다윗의 심경은 어땠을까? 목숨이 경각지세에 몰린 그의 절박한 심정을 그는 시편으로 읊었다. 거기 들지는 못했지만, 어느 어스름한 저녁 여우굴 바위 틈서리에 숨긴 고달픈 몸뚱이를 뒤척이며 다윗은 이런 기도를 바치지 않았을까.

≪

하마터면,
"이자는 미치광이, 악령의 포로요 역천(逆天)죄인.
이자의 목숨을 저희 손에 붙이심,
하늘의 비상한 뜻으로 알겠나이다"
라고 말할 뻔했습니다.

핏발 선 눈으로
사냥감을 좇듯 불철주야

제 비틀거리는 발자국을 추적하던 그.
밤잠 설치면서 시기로 날을 간 비수 번뜩이며
노기(怒氣) 앞세우고 제 목숨을 노리던 그.

이윽고 외려 그의 등짝이 송두리째
동굴 칠흑의 침묵 속에 잠복한 저희 칼끝 앞에
무방비로 성큼 던져진 찰나,
제 입술은 병사들의 복수심을 만류하며
본심을 비켜간 말을 하고 있었습니다.

"어쨌든 그분은 주님의 기름부음받은이가 아니시냐?"(1
사무 24,7)
본심보다 더 깊은 '속마음'이었습니다.
기름부음받은이는 주님의 사람.
기름부음받은이는 주님의 소관.
세우는 것도 주님의 권한, 폐하는 것도 주님의 결정.
하오니 저 토로가 변덕 없는 제 노래이게 하소서.

행복하도다, 어쨌든 그분의 그림자를 밟지 않는 이.
행복하도다, 어쨌든 그분의 영역을 한 뼘도 넘보지 않는 이.
행복하도다, 어쨌든 그분의 인호(印號)를 경외하는 이. 아멘!

다윗2 /대왕

세 번의 기름부음　　　　엄격하게 순서를 따지자면 사울이 이
스라엘의 초대 왕이고 다윗은 2대 왕
이다. 하지만 성경은 이를 명시적으로 부인하지 않으면서, 왕으로
서 사울을 '나기드'라고 불렀고 다윗은 '멜레크'라고 이름 붙였다.
유심히 봐두어야 할 대목이다.

본디 나기드는 '수령'으로 번역하는데 이것으로 보아 사울을 일
종의 왕이긴 하지만 아직 온전한 왕이 아니라고 보았음을 알 수
있다. 반면에 멜레크는 진짜 '왕'에게 붙여지는 이름이다. 이 호칭
을 처음으로 다윗에게 헌사한 것이다.

왕이 되는 절차의 중심은 '기름부음'받음이다. 다윗은 복되게도
이를 세 번이나 받았다. 사무엘에게(1사무 16,13 참조), 유다 왕으로
등극할 때 원로들에게(2사무 2,4 참조), 그다음 통일왕국으로 등극할

때 백성의 대표들로부터(2사무 5,3-5 참조). 모두 세 번이나 영광의 순간을 맞이한 것이다.

대군(大君)의 조건

다윗은 통 큰 리더였다. 통일국가 왕으로서 다윗의 공적은 비교를 불허한다. 나열하자면 지면이 모자랄 것이다. 여기서 그것이 무엇이냐를 묻기보다 그것이 어떻게 가능했을까를 묻는 것이 차라리 더 현명하겠다.

과연 무엇이 다윗으로 하여금 대군이 되게 했을까? 그가 두 번째와 세 번째 기름부음받기 전 보여주었던 대인(大人)다움에서 그 답을 발견한다.

이해를 돕기 위해 잠깐 당시 상황 속으로 들어가 보자. 거듭되는 불순명으로 야훼 하느님의 눈 밖에 난 이후, 급기야 사울은 필리스티아인들과의 길보아 산 싸움에서 요나탄을 포함하여 세 아들을 잃고 자신마저 적의 화살에 맞고, 궁지에 몰려 비관 끝에 자결을 결행한다(1사무 31,4 참조). 곧이어 이 소식이 사울 진영의 한 젊은이에 의해 다윗에게 전해지는데, 거기 약간의 잔꾀 섞인 거짓 진술이 가미된다. 그 젊은이 자신이 사울의 자결 결심을 도와 목숨을 끊어줬다고 주장한 것이다. 그는 내심, 사울로부터 그토록 핍박받아왔던 다윗이 사울 일가의 비극적 최후를 기뻐하고 그 죽음에 일말의 기여를 한 자신에게 포상을 내리지 않을까 기대했던 것이다.

하지만 다윗은 그의 예상에 정반대 반응을 보였다. "그러자 다윗이 자기 옷을 잡아 찢었다. 그와 함께 있던 사람들도 모두 그렇게 하였다. 그들은 사울과 그의 아들 요나탄, 그리고 주님의 백성과 이스라엘 집안이 칼에 맞아 쓰러진 것을 애도하고 울며, 저녁 때까지 단식하였다"(2사무 1,11-12).

그 지도자에 그 무리배다. 다윗의 마음이 무리배의 공감을 얻었던 것이다. 그 가슴에 하늘과 나라와 백성을 품은 대인이 아니고서야 어찌 이런 감동을 연출할 수 있으랴.

그러면서 다윗은 되레 그 소식을 전한 젊은이에게 "네가 어쩌자고 겁도 없이 손을 뻗어 주님의 기름부음받은이를 살해하였느냐?"(2사무 1,14)라고 꾸짖으면서 그를 죽음으로 처단케 하였다. 역천 및 배신에 대한 이보다 더 명징한 경종이 어디 있으랴. 다윗은 7년 반 동안 그의 정적으로 있었던 이스 보셋을 죽이고 그의 머리를 베어다 바친 두 명의 배신자도 똑같은 잣대로 죽음으로써 엄단하였다. 다윗의 사려심과 냉철함이 유감없이 드러나는 대목이다.

사울의 사후, 다윗의 심경은 그가 바친 조가에 잘 반영되어 있다. 다음은 그 일단이다.
"이스라엘의 딸들아
사울을 생각하며 울어라.

그는 너희에게 장식 달린 진홍색 옷을 입혀 주고

너희 예복에 금붙이를 달아 주었다.〔…〕

어쩌다 용사들이 쓰러지고

무기들이 사라졌는가?"(2사무 1,24.27)

여간 통 큰 가슴 지평이 아니다. 이 문장이 철천지원수나 진배없는 사울에게 봉정된 다윗의 헌시라니.

그렇다. 역천 및 배신에 대한 저런 엄단 의지와 대승적 화해를 위한 이런 아량을 하늘에서 내려다보셨던 것이다. 그 마음에 하늘이 감동했던 것이다. 그랬기에 그의 40년 통치 기간 중 예루살렘 도읍, 영토 확장, 제도 정비 등 굵직한 공적을 세우도록 하늘에서 보우해주셨던 것이다.

아라우나(오르난)의 타작마당

그렇다고 다윗이 흠이 없는 사람은 아니었다. 우리야의 아내 밧 세바에 얽힌 유명한 이야기 말고도, 다윗이 범한 결정적 과오는 전쟁을 치르기 위해 인구조사, 곧 병적조사를 한 일이었다. 이는 절대적으로 하느님의 인준이 필요한 사안이었다. 다윗은 이를 감행했다가 곧 후회한다. 그리고 즉시 통회하며 용서의 기도를 바친다(2사무 24,10 참조).

하지만 이 죄는 온 백성이 다 알고 있는 과오였다. 공의로운 하느님께서는 공의로운 보속을 내릴 뜻을 예언자 가드를 통하여 전하며, 다윗에게 셋 중 하나를 택하도록 하신다. 일곱 해 동안 나라의 기근, 석 달 동안 적들을 피해 도망 다님, 삼일 동안 나라에 흑사병. 이 가운데 다윗은 세 번째 것을 택하며 이렇게 말한다.

"괴롭기 그지없구려. 그러나 주님의 자비는 크시니, 사람 손에 당하는 것보다 주님 손에 당하는 것이 낫겠소"(2사무 24,14).

참고로 당시 상식으로 '흑사병'은 하느님의 소관이었다. 다윗은 하느님의 자비를 믿고 이 선택을 했던 것이다. 막상 흑사병이 내리자 삽시간에 백성 7만 명이 죽는다. 이에 하느님의 자비와 다윗의 기도가 교차되는 가운데, 아라우나(오르난)의 타작마당 위에 제단을 세우고 제사를 지내라는 하느님의 분부가 내려진다. 다윗이 이를 시행하자 비로소 재앙은 끝난다.

이야기는 여기서 멈추지 않는다. 바로 이 자리가 훗날 예루살렘 대성전이 세워질 자리가 되었다는 사실이다(1역대 22,1; 2역대 3,1 참조). 알고 보니 그곳은 아브라함이 이사악을 제물로 바치도록 부름받은 바로 그 모리야 산(창세 22,2 참조)이기도 했다. 아라우나(오르난)의 타작마당! 그곳이 바로 인류의 탄원 기도와 하느님의 자비가 마주 만나는 지점으로 간택된 성지 1번지인 것이다. 오늘 예루살렘 성전 길을 오가는 순례객, 혹시 하늘을 향한 다윗의 애끓는 기도에 내려진 자비 응답의 이슬비를 맞을지 기대해볼 일이다.

역시나 내 아들 다윗이로구나.
너는 내가 뽑아 세운 왕다운 사제(탈출 19,6 참조)
네 '마음 씀'이 너를 살렸다.

너 비록 나의 엄명을 크게 거슬렀으나 즉시 통회하였고,
그 보속으로
사람에게 괴롭힘을 받음보다 나의 자비를 택하였으니,
네 믿음이 너와 네 백성을 살렸다.

흑사병으로
죄 없는 백성이 숱하게 죽어 나갈 때,
피눈물로 흐느끼는 네 탄원을 내가 들었고,
백성을 향한 네 단장의 비통을 내가 보았노라.

오르난의 타작마당
거기서
네 애간장 기도와
내 원조 연민이 조우하였지.

아브라함도
떨리는 손으로 제물을 바쳤던 모리야 산자락,

그곳은
자비의 청원과 자비의 응답이
오르락내리락
마주 만나는 곳.

이날을 기려
내가 그곳을
내 자비가 머물, 나의 성전 터로 삼으리라.
내가 그곳에 내 이름을 두리니,
그곳에 와 내 이름을 부르는 이마다
내 이름을 만나리라.

다윗3 /성왕

성왕 다윗의 유언 　　다윗 왕은 성자가 아니었다. 그 역시 한낱 죄짓는 인간이었다. 우리야의 아내 밧 세바와 관련된 죄만 해도 십계명 중 두 가지를 거스르는 가중죄(加重罪)였다. 전쟁을 치르기 위하여 주님의 허락 없이 호구조사를 결행한 것 역시 공인이 만백성 앞에 지은 죄였기에 주님의 큰 진노를 샀었다.

　하지만 후대의 사람들은 그를 성왕(聖王)으로 부른다. 왜? 그의 통회가 하늘에 통했기 때문이다. 그는 뼈를 에이는 통회로 주님의 자비와 용서를 얻어냈다(시편 51,3-5 등 참조). 오늘날 시편을 읽는 이들이 곳곳에 눈물 자국을 남긴 그의 통회 기도를 통해 스스로가 성화되는 체험을 하는 일이 드물지 않음을 우리는 알고 있다.

허물 있는 성왕 다윗! 그도 주님 품으로 갈 때가 되었다. 그는 자신의 대를 이을 솔로몬을 불러 다음과 같은 유언을 남긴다.

"나는 이제 세상 모든 사람이 가는 길을 간다. 너는 사나이답게 힘을 내어라. 주 네 하느님의 명령을 지켜 그분의 길을 걸으며, 또 모세 법에 기록된 대로 하느님의 규정과 계명, 법규와 증언을 지켜라. 그러면 네가 무엇을 하든지 어디로 가든지 성공할 것이다. 또한 주님께서 나에게 '네 자손들이 제 길을 지켜 내 앞에서 마음과 정성을 다하여 성실히 걸으면, 네 자손 가운데에서 이스라엘의 왕좌에 오를 사람이 끊어지지 않을 것이다.' 하신 당신 약속을 그대로 이루어 주실 것이다"(1열왕 2,2-4).

자신의 전 인생을 청산하며 이런 유언을 남길 수 있는 사람은 행복한 사람이다. 하늘 길로 오르는 심정에 평화가 깃들어 있다. '그러면 네가 무엇을 하든지 어디로 가든지 성공할 것이다'로 마감되는 훈시는, 본인이 그렇게 살아왔다는 당당한 고백에 다름없다. 그리고 자신이 직접 하느님께로부터 받았던 영원한 왕조에 대한 약속을 솔로몬에게 대물림시켜주는 유훈으로 유언은 절정에 이른다. 바로 이 대목에서 다윗이 저 약속 말씀을 얼마나 가슴 깊이 새겨 고이 간직해왔는지가 큰 울림으로 드러난다.

이제 이 유언의 수취인은 더 이상 솔로몬이 아니다. 이 유언의 효력은 그대로 지상의 영원한 하느님 왕국인 교회에 대물림되어 내려왔기 때문이다. 이 유언 안에 오늘의 교회와 신앙인들이 대대로 은총 충만하게 살길이 제시되어 있음을 놓치지 말 일이다.

영원한 왕조

다윗의 공적 중 하나는 헤브론에서 예루살렘으로 도읍을 옮긴 일이었다. 통일왕국을 건립한 직후 다윗은 아직 여부스족이 버티고 있던 예루살렘 시온 성을 점령하여, 이를 다윗 성이라고 이름 붙였다. 곧바로 조공 재목과 목수들을 총동원하여 왕궁을 세우는 등 기본적인 통치기반을 다졌다.

다윗은 유다 바알라에 임시 안치되어 있던 법궤를 예루살렘으로 옮기는 일을 결코 뒷전으로 미루지 않았다. 법궤를 옮기던 중 인간적인 실수를 범하는 우여곡절을 겪으면서 다윗은 레위인의 역할과 거룩함에 대해 깨달음을 얻는다. 이제 법궤는 미리 성막을 쳐서 마련해놓은 자리에 옮겨졌다. 이리하여 그곳은 장막성소가 되었다.

하지만 언젠가부터 다윗의 마음이 불편해지기 시작하였다. 그의 눈에는 자신의 왕궁에 비할 때 야훼 하느님께서 머무시는 장막성소가 초라하게만 보였던 것. 고민 끝에 예언자 나탄에게 성전 건립의 뜻을 비쳤다.

"보시오, 나는 향백나무 궁에 사는데, 하느님의 궤는 천막에 머무르고 있소"(2사무 7,2).

나탄은 굳이 말리지 않았다. 하지만 그날 밤 다윗을 위한 주님의 말씀이 나탄에게 내렸다.

"내가 살 집을 네가 짓겠다는 말이냐? 나는 이집트에서 이스라엘 자손들을 데리고 올라온 날부터 오늘까지, 어떤 집에서도 산 적이 없다. 천막과 성막 안에만 있으면서 옮겨 다녔다. 내가 〔…〕 어찌하여 나에게 향백나무 집을 지어 주지 않느냐고 한마디라도 말한 적이 있느냐?"(2사무 7,5-7)

가슴 뭉클하게 하는 말씀이다. 웅장한 성전 대신에 천막 성전에 머무시기를 더 즐기시는 하느님! 의식주 생계 문제로 신음하는 백성들과 함께하시려는 연민이 물씬 느껴져 오는 대목이다.

하지만 하느님께서는 다윗의 순수한 의중을 보셨다. 그 지극정성이 갸륵하기만 했던 것이다. 그리하여 구원의 역사에서 한 획을 긋는 약속 말씀을 내려주셨다. 메시아의 성경적 전거에 관심 있는 이라면 누구나 알고 있어야 할 유명한 말씀이다.

"너의 날수가 다 차서 조상들과 함께 잠들게 될 때, 네 몸에서 나와 네 뒤를 이을 후손을 내가 일으켜 세우고, 그의 나라를 튼튼하게 하겠다. 그는 나의 이름을 위하여 집을 짓고, 나는 그 나라의 왕좌를 영원히 튼튼하게 할 것이다. 〔…〕 **너의 집안과 나라가 네 앞에서 영원히 굳건해지고, 네 왕좌가 영원히 튼튼하게 될 것이다**"(2사무 7,12-13.16).

다윗은 즉시 깨달았을 것이다. 아하, 성전을 짓는 것은 솔로몬의 몫이로구나! 마치 모세의 몫이 이스라엘 백성을 가나안 코앞까지 영도하는 것이었고, 요르단 강을 건너 정착하는 리더십은 여호수아에게 맡겨졌듯이, 하느님의 지혜는 그렇게 높고 길게 내다보시는구나!

그런데 단 한 단어 '영원히'가 그의 이해력으로는 도무지 가늠되지 않았다. '영원히'라, 자고로 역사 이래 어느 위대한 왕조도 길게 가야 고작 몇백 년인데, 영원히? 이러함에, 다윗은 묵상과 관상 기도의 경계선을 넘나들며 곰곰 그 말뜻을 주님께 묻지 않았을까. 물론, 성령의 자상하신 화답이 함께했을 터이고.

⌃

영원히?
청춘남녀가 벅찬 사랑의 약동에
거침없이 나눈 약속, 그 '영원히'는
정녕 아닐 테지요.

영원히?
'오래도록', '길게', '대대로'를
흥껏 강조하기 위해 동원된 과장법 언사(言辭)쯤으로만
알아들어도
제 복심은 환장할 기쁨에 혼절할 지경.

불초 소생 다윗 왕조가 영원히 간다고요?
은혜가 망극하여이다.
그 진상(眞相)이 삼일천하건, 일장춘몽이건, 천년왕국이건,
'영원히'는 제 흥분, 제 감사, 제 기도, 제 희망,
….

너희는
'영원히'를 얼마나 남발했더냐.
허투루 내뱉고 스리슬쩍 뭉갠 적이 얼마나 많더냐.
하지만 내 '영원히'는 다르다.
내 '영원히'는 변덕을 모른다.
구차한 변명도, 사과도 모른다.
내 '영원히'는 신기루가 아니라 실체다.

너는 모른다,
영원을.
영원은 지상에 깃들어 있지만
물질계가 담지 못하는 무한 길이.
그것은 양(量)의 세계에 삼투해 있되
오로지 질(質)의 세계에만 존재하는 초월(超越) 자체.

네가 알아듣건 말건,

네 왕조가 영원히 존속할 것은 내 약속!

네 혈통에서 영원한 왕, 메시아가 나리라.

네 나라에서 영원한 나라, 킹덤 오브 갓(Kingdom of God),

하느님 나라가 움트리라.

짐작건대 그날 밤 다윗은 이 알 듯 말 듯 한 '영원히'로 밤새 뒤척이며 잠을 못 이루지 않았을까.

솔로몬1 / 다윗의 승계

형제들의 권력욕을 제치고 다윗은 일찌감치 주님으로부터 솔로몬이 자신의 후계자가 될 것임을 언질 받았다(1역대 22,8-10 참조). 이는 성전을 건립하여 봉헌하기를 열망했던 다윗의 충정에 대해 하느님께서 당신의 복안을 밝히시는 과정에서 계시된 것이었다. 다윗에게 내려진 말씀은 "너는 전사였고 사람의 피를 많이 흘렸기 때문에 내 이름을 위한 집을 짓지 못한다"(1역대 28,3)는 천상적 결정이었다.

그 대사업은 솔로몬의 몫으로 정해져 있었다.

"네 아들 솔로몬이 나의 집을 짓고 나의 뜰을 만들 것이다. **내가 정녕 그를 선택하여 내 아들로 삼겠다. 내가 그의 아버지가 되어 주겠다.** 〔…〕 나는 그의 나라를 영원히 튼튼하게 해 주겠다"(1

역대 28,6-7).

하느님의 아들이 된다 함은 바로 천자(天子), 곧 왕으로 책봉된다는 얘기다. 하지만 다윗에게는 솔로몬 외에도 많은 배다른 아들이 있었다. 이들 가운데 왕위를 탐했던 왕자가 없었을 리 만무하다. 하지만 솔로몬은 어머니 밧 세바의 도움으로 압살롬과 아도니야의 권력욕을 물리치고, 아버지의 왕권을 잇는 임금으로서 기름부음을 받는다.

다윗은 왕권과 더불어 두 가지 당부를 남긴다.

하나는 율법(토라)에 대한 충실이다. 요지는 시쳇말로 이랬다.

"너는 어떻게 됐든 야훼의 말씀을 충실히 따라라. 다른 거는 몰라도 나는 그거 하나 충실해서 여기까지 왔다. 네가 그렇게 하면 너의 왕국이 대대로 잘되리라"(1열왕 2,2-4 참조).

다른 하나는 공신들에 대한 예우다.

"내가 이 왕국을 통일할 때 세웠던 일등 공신들이 있는데, 내가 죽더라도 절대로 그들을 업수이 여겨서는 안 된다. 그들에게 제대로 예우를 해라. 그리고 내가 아직도 제대로 갚지 못한 것들이 있는데, 그것들을 다 챙겨줘라"(1열왕 2,5-9 참조).

두 가지가 일국의 통치자를 위해서는 결정적으로 중요한 덕목이었다. 솔로몬은 아버지 다윗에게서 이런 탁월한 경륜을 유산으로 물려받은 셈이었다.

성전 봉헌 왕좌에 오른 솔로몬은 무엇보다도 먼저 아버지의 숙원이었던 성전 건축에 착수한다. 수백 년이 걸린 위대한 건축 유산에 비견될 7년간의 대공정! 여기에는 주변국들에서 조공으로 보내온 온갖 건축재와 (전문)인력이 대거 동원된다.

드디어 준공되고, 솔로몬은 온 이스라엘 백성이 초대된 성전 봉헌식에서 장엄하게 기도를 바친다.

나는 개인적으로 그 기도문을 읽다가 눈물이 찔끔거림을 억제할 수 없었다. 성전의 존재의의 그리고 기도의 전형이 백성에 대한 끔찍한 연민의 지평에서 절절하게 묘사되어 있기 때문이다. 국민을 진정으로 사랑하는 통치자라면 이 기도를 성찰의 준거로 삼아봄도 괜찮을 것이다(1열왕 8,23–53; 2역대 6,14–42 참조).

솔로몬은 성전 뜰 가운데 제단, 모든 회중이 보는 앞에서 무릎을 꿇고 두 손을 높이 쳐들고 기도의 첫 운을 뗀다(1열왕 8,22; 2역대 6,13 참조).

먼저 건축 경위에 대해 감사를 올리고서, 이렇게 부르짖는다.

"어찌 하느님께서 땅 위에 계시겠습니까? 저 하늘, 하늘 위의 하늘도 당신을 모시지 못할 터인데, 제가 지은 이 집이야 오죽하겠습니까? 〔…〕 당신의 눈을 뜨시고 밤낮으로 이 집을, 곧 당신께서 '내 이름이 거기에 머무를 것이다.' 하고 말씀하신 이곳을 살피시어, 〔…〕 당신 종과 당신 백성 이스라엘이 이곳을 향하여 드리는 간청을 들어 주십시오. 부디 당신께서는 계시는 곳 하늘에서 들어 주십시오"(1열왕 8,27-30; 2역대 6,18-21).

이렇게 서두를 연 다음, 이어지는 청원 내용은 그야말로 폭으로나 깊이로나 인간사 제문제를 두루 아우르는 구체적인 사안들에 하느님 자비를 비는 것들이다. 이웃에게 죄지은 이(1열왕 8,31 참조), 이스라엘 백성이 죄를 지어 적에게 패했을 때(1열왕 8,33 참조), 가뭄, 기근, 흑사병, 온갖 자연재해(1열왕 8,35-37 참조) 등의 경우를 나열하면서, 하느님의 측은지심에 호소한다. "당신 백성 이스라엘이 개인으로나 전체로나 저마다 마음으로 고통을 느끼며, 이 집을 향하여 두 손을 펼치고 무엇이나 기도하고 간청하면, 당신께서는 계시는 곳 하늘에서 들으시어 용서해 주시고 행동하십시오"(1열왕 8,38-39).

이어, 이방인들이 당신의 이름으로 기도할 경우(1열왕 8,41-43 참조)까지 챙기며, 통 큰 흉금을 토로한다.
"그렇게 하시면 이 세상 모든 민족들이 당신의 이름을 알아 모시고, 당신의 백성 이스라엘처럼 당신을 경외하게 될 것입니다"(1열왕 8,43).
솔로몬의 영적 연대는 여기서 그치지 않는다. 그는 고향 떠난 이스라엘 용사들이 어디서든 '이 집을 향하여 기도하면'(1열왕 8,44 참조) 그리고 이역만리 유배지의 백성들이 회개하며 '이 집을 향하여 기도하면'(1열왕 8,48 참조), 부디 주님의 유비쿼터스 레이더로 증폭시켜 들어주실 것을 간청한다.

기도가 대단원에 이르러 솔로몬이 기도를 마치자, 하늘에서 불이 내려와 번제물과 희생 제물을 삼키고, 주님의 영광이 당신의 집에 가득 찼다(2역대 7,1 참조).

백성들은 축제로써 환호한다.

이름과 눈과 마음이 함께하리라

성전 봉헌식이 성료된 후, 하느님께서는 꿈속에서 솔로몬에게 다시금 말씀을 내리시며 다음과 같은 약속으로 봉인하신다.

"네가 세운 이 집을 성별하여 이곳에 내 이름을 영원히 두리니, 내 눈과 내 마음이 언제나 이곳에 있을 것이다"(1열왕 9,3).

참으로 탁월한 수사법이다. 이 얼마나 예술적이며 영성적인 표현인가.

"내 이름을 두겠다. 내 눈과 마음이 있을 것이다."

오늘 우리에게도 크나큰 위로가 되는 말씀이다. 하느님께서 바로 성전에 당신 이름을 두시고, 거기 계시면서, 당신 이름을 찾는 사람들을 다 만나주신다는 약속인 것이다. 또한 하느님 자비의 눈과 마음으로 당신을 사랑하는 이들을 돌보아주시겠다는 담보인 것이다.

지금, 주님은 우리를 초대하신다.

오너라, 나의 자녀들아.
여기 내 이름을 두려고 내가 고른 곳,
천막 성전, 상가 성전, 조립식 성전, 벽돌 성전, 목조 성전,
콘크리트 성전,
가릴 것 없다.
와서 너만이 아는 곡절을 애소하며 원껏 내 이름을 부르
려무나.
내가 들으리라.
듣고 응답하리라.

오너라, 나의 자녀들아.
여기 내 눈이 있는 곳,
촛불이 켜진 곳이면 좋고, 십자가 걸려 있으면 더욱 좋고,
감실이 모셔져 있으면
가장 좋겠구나.
와서 너희의 통회와 갈망의 눈망울로 보이지 않는 내 눈을
바라보려무나.
내가 어여삐 보아주리라.
보고 미처 청하지 못한 것까지 베풀어주리라.

오너라, 나의 자녀들아.

여기 내 마음이 있는 곳,

구도자의 발심(發心)으로도 좋고, 냉담자의 회심(悔心)으로도

좋고, 신앙문외한의 초심(初心)으로도 좋다.

와서 세상이 해결해주지 못하는 네 고충과 슬픔을 후련히

털어놓으려무나.

내가 이심전심으로 알아주리라.

알아주고 행동하리라.

솔로몬2 / 궁극의 현자

솔로몬의 치적 솔로몬은 다윗 왕과 밧 세바 사이에서 태어난 둘째 아들이다. 그는 밧 세바가 정식으로 후처가 된 다음 태어난 합법적인 왕자였다. 그러기에, "주님께서 그 아이를 사랑하셨다"(2사무 12,24). 앞의 글에서 언급되었듯이, 마침내 다윗은 하느님의 이런 뜻을 받들어 솔로몬에게 왕좌를 물려주었다. 하느님께서는 특별한 카리스마로 솔로몬의 통치를 후견하셨다. "주님께서는 온 이스라엘이 보는 가운데 솔로몬을 높이시고, 그 앞의 어떤 이스라엘 임금도 지니지 못한 왕권의 위엄을 그에게 베풀어 주셨다"(1역대 29,25).

그렇다면 실질적으로 솔로몬은 이스라엘에 어떤 치적을 남겼을까? 후대의 역사가들은 대체로 세 가지를 꼽는다.

우선, 건축 사업이다. 7년에 걸친 성전 건축에 이어 솔로몬은 궁전 건축에 13년의 열정을 더 쏟았다. 이 대사업은 한편으로는 불세출의 업적이기도 했지만, 다른 한편으로는 주변국에 대한 조공의 강요, 동원 노역 및 강제 노역의 문제를 고스란히 내포하고 있기도 했다.

다음으로, 영토 확장이다. 다윗은 주로 전쟁을 통해 영역을 확보했다. 하지만 솔로몬은 하늘이 내린 지혜를 발휘하여 외교력으로 영토를 확장했다. "우리 아버지는 아날로그였지만 나는 디지털로 간다!" 요즈음 말로 표현하자면 이런 식이었다. 그 대표적인 것이 정략결혼이다(1열왕 3,1-3 참조). 이리하여 그가 왕으로 있는 동안 이스라엘은 평화와 안정, 번영을 누리는 황금 시대를 보낸다.

"솔로몬은 유프라테스 강에서 필리스티아 땅까지, 그리고 이집트 국경에 이르기까지 모든 나라를 다스렸다. [⋯] 솔로몬이 살아 있는 동안 내내 유다와 이스라엘에서는 단에서 브에르 세바에 이르기까지, 사람마다 자기 포도나무와 무화과나무 아래에서 마음 놓고 살았다"(1열왕 5,1.5).

그뿐 아니라, 솔로몬은 국내 정치에서도 비상한 통치력을 발휘했다. 12지파 중심의 조직에서 탈피하여, 12행정구역으로 분할 개편하고 지배하기 쉬운 중앙집권국을 만들었던 것이다(1열왕 4,1-19 참조).

일천 번제로 얻은 지혜

알다시피 솔로몬은 지혜로 통치했다. 여기서 잠깐, 솔로몬이 타의 추종을 불허하는 지혜를 받게 된 경위를 짚어보기로 하자.

솔로몬이 등극하고 나서 제일 먼저 한 일은 일천 번제였다. 산 제물 천 마리, 곧 소 천 마리를 한꺼번에 번제로 올렸던 것이다(1열왕 3,4 참조).

천 마리의 제물! 이는 확실히 물량공세다. 하느님께서는 '물량'에 혹하실 분이 아니다. 그 물량에 질이 따라오지 않았다면, 그 제물은 그렇게까지 하느님의 마음을 움직이지 못했을 것이다.

하느님께서는 그 뒤에 숨겨진 '마음'을 보셨던 것이다. 하느님께서는 그날 밤 그의 꿈속에 임하시어 말씀하셨다.

"내가 너에게 무엇을 해 주기를 바라느냐?"(1열왕 3,5)

솔로몬은 먼저 하느님의 은혜에 감사를 드리고 다음과 같이 대답한다.

"저는 어린아이에 지나지 않아서 백성을 이끄는 법을 알지 못합니다. 〔…〕 그러니 당신 종에게 듣는 마음을 주시어 당신 백성을 통치하고 선과 악을 분별할 수 있게 해 주십시오"(1열왕 3,7.9).

여기서 '듣는 마음'이 바로 그 유명한 '지혜'를 가리킨다. 원어로 '레브 스메아(leb smea)'라고 되어 있다. 레브는 '마음'이고, 스메아는 '듣는다'는 의미의 '샤마(shama)'에서 온 말이다. 직역하면 '듣는 마음'인 이 표현을 공동번역 성서에서는 '지혜'로 옮겼다.

하느님께서는 솔로몬의 청원을 흡족히 여기시어 다음과 같은 말씀을 내려주신다.

"너는 나에게 장수나 부를 청하지 않고 지혜를 청하는구나. 나는 네가 청하지 않은 것 곧 부와 명예 그리고 장수까지 한꺼번에 다 주겠노라"(1열왕 3,11-14 참조).

이 말은 따로따로 준다는 얘기가 아니다. 여기에는 원리가 있다.

"너 말이야, 너 제대로 얘기했다. 지혜 하나 잡으면 다 받은 것이나 마찬가지야. 지혜 속에 다 담보되어 있어."

바로 이런 말씀인 것이다.

궁극의 지혜   과연 솔로몬의 지혜는 특출났다. "세상 사람들이 모두 하느님께서 솔로몬의 마음에 넣어주신 지혜를 들으려고 그를 찾아왔다"(1열왕 10,24). 이에, 솔로몬은 듣는 마음으로 깨달은 지혜를 잠언 형식으로 엮어 지혜의 책을 남겼다. 열왕기에는 "솔로몬이 지은 잠언은 삼천 가지가 넘고, 노래가 천다섯 편이 넘는다"(1열왕 5,12 참조)라고 기록되어 있다.

그렇다면, 그가 가장 소중히 여겼던 궁극의 지혜는 '한마디로' 무엇이었을까? 그는 이 물음의 답을 코헬렛(전도서)에서 밝힌다. 요지는 이렇다.

"나는 행복이 무언지 알아보려고, 별별 것을 다 탐닉해봤다. 온갖 향락에 다 빠져봤다. 세상의 온갖 술도 다 마셔봤다. 안 해본 사업이 없다. 영토로 말하자면 아버지 다윗보다 큰 땅을 가져봤다"(코헬 2,3-8 참조).

하지만 솔로몬이 인생 말년에 돌이켜보니 뒷맛이 쓰다.

"이게 다 괴로움일 뿐이었다"(코헬 2,22-23 참조).

바로 이 말이 그의 잠정적 결론이다. 그러기에 그는 자신의 글 코헬렛 서두에서부터 외쳐댔다.

"헛되고, 헛되고, 헛되도다"(코헬 1,2 참조).

하지만 솔로몬은 결코 회의주의자도 비관주의자도 아니었다. 그에게는 아직 반전의 결론이 남아 있었다.

"하느님을 경외하고 그분의 계명들을 지켜라. 이야말로 모든 인간에게 지당한 것이다"(코헬 12,13).

이것이 솔로몬이 괴로움으로 터득한 궁극의 지혜였다.

만일 오늘의 우리가 솔로몬에게 지혜의 한 말씀을 청한다면, 그는 과연 어떤 슬기를 전해줄까? 물음을 던지기가 무섭게 그의 촌철살인 인생레슨이 들려오는 듯하다.

⌃

으쓱대지 마라.

영재, 수재, 천재….

다 부질없는 자랑거리니라.

부귀, 명예, 장수….

다 덧없이 지나감이라.

여기, 영원의 놀음터엔

천하를 얻고도 제 한 목숨 구하지 못하여

가슴 치며 통곡하는 영혼들이 수두룩하다.

뼛속에 사무치게 새겨두어라.
"마음을 다하고 목숨을 다하고 힘을 다하여
주 너희 하느님을 사랑해야 한다"(신명 6,5).
이것이 하늘 아래 궁극의 지혜!
마음을 다하여 사랑하면 '기분이다, 옜다 다 받아라' 천심
(天心)을 얻고,
목숨을 다하여 사랑하면 영생의 수(壽)를 얻고,
힘을 다하여 사랑하면 하늘과 땅의 세(勢)를 얻는 법.
아무리 많은 진리를 깨달은 자도
이 한마디 깨달은 자를 감당하지 못한다.

거듭거듭 자녀들에게 들려주어라.
저 말씀 직접 읽어주고, 풀이해주고, 외우게 하여라.
나 천하의 솔로몬도 이것을 놓쳤다.
야훼 하느님을 모르는 '이방인 아내'에게 교육을 맡겼다가
자식농사 다 망쳤다.
낭패 중 낭패, 후회 중 후회,
그것은 저 궁극의 지혜를
직접 자녀들에게 전수하지 못한 것!
그러니 일어날 때에도, 길을 갈 때에도, 잠자리에 들 때에도
거듭거듭 자녀들에게 들려주어라.

엘리야1 /하느님의 승부사

엘리야의 등장   이야기의 향배는 이제 솔로몬 통치 이후, 통일왕국이 분열되고 우상숭배에 빠져 야훼 하느님의 눈 밖에 난 왕들이 속출하던 시대로 넘어간다. 대표적인 예로 북왕국 이스라엘의 아합 왕을 들 수 있다.

문제는 아합 왕이 이방국 시돈 왕의 딸 이제벨과 결혼을 하면서 시작된다. 바알을 섬기던 이제벨의 이스라엘 진출은, 곧 바알의 이스라엘 진출을 의미한다. 본디 가나안 토착 원주민의 신이었다가 이스라엘 12지파의 정착과 함께 공식적으로 쫓겨났던 바알이 이제 어엿하게 다시 들어오게 된 것이다. 그 영향하에 아합 왕 역시 바알을 섬기게 된다. 이는 우상숭배에 빠진 정도가 아니라 아예 종교를 바꾼 것이었다. 그리하여 이들은 궁중에다 바알과 바알의 부인 아세라를 들인다. 그리고 바알 예언자 450명과 아세라 예언자 400명을 궁중에 두고 그들의 얘기만 들으며 국사(國事)를 농단한다.

그런 와중에 느닷없이 엘리야가 나타난다. 그는 그냥 "길앗의 티스베에 사는 티스베 사람"(1열왕 17,1)이라고 출신만 짤막하게 언급된 채 상세한 프로필이 없이 불쑥 역사의 한 무대에 등장한다. 엘리야는 아합 왕을 단독 면담하여 우상숭배에 대해 경고하고 가뭄을 예언한다(1열왕 17,1 참조).

이후 3년이 지나, 기근이 절정에 달하자 엘리야는 여전히 바알을 섬기던 아합에게 나타나 말한다.

"카르멜 산에서 진검승부를 합시다. 이스라엘 모든 사람을 카르멜 산으로 모으고, 바알 예언자 450명과 아세라 예언자 400명도 그곳으로 모아주십시오"(열왕 18,19 참조).

카르멜 산의 진검승부

당시 백성들은 가나안 땅 정복 초기 때처럼 '전쟁'에 관련해서는 야훼 하느님께 빌었다. 하지만 '비'에 관한 문제는 바알에게 가서 빌었다. 바알이 농사일을 관장한다고 믿었기 때문이다. 이런 태도에 대해 엘리야 예언자는 다음과 같이 질책한다.

"여러분은 언제까지 양다리를 걸치고 절뚝거릴 작정입니까? 주님께서 하느님이시라면 그분을 따르고 바알이 하느님이라면 그를 따르십시오"(1열왕 18,21).

하지만 지도자나 백성들의 반응은 시큰둥하였다.

엘리야는 뭔가 본때를 보여줄 필요가 있었다. 그래서 아합 왕에게 도전장을 냈던 것이다.

엘리야는 바알 예언자들에게 먼저 차례를 주었다. 하늘에서 불을 댕겨 내리는 예언자가 참 예언자로 판명 나는 영적 대결이다. 이들은 엄청난 장작을 쌓아놓고 바알과 아세라를 부른다. 성경의 표현대로라면 그야말로 난리굿이다. 절름발이 동작도 하고, 노래도 부르고, 춤도 추고, 악기도 타고, 나중에는 칼로 자해도 한다. 그런데 아무리 애를 써도 불이 안 붙는 것이다.

드디어 엘리야 차례가 된다. 엘리야는 우선 야곱의 자손들 지파 수대로 열두 개의 돌을 가져다 허물어진 야훼의 제단을 쌓는다. 그리고 주변에 도랑을 파고 거기에 물을 붓게 한다. 사람들이 나중에 무슨 편법을 썼다면서 무효라고 우겨댈까 봐 그런 것이었다. 준비를 마치고 엘리야는 조용히 기도한다.

"야훼 하느님이시여, 제 기도를 들어주소서"(1열왕 18,36-37 참조).

그때 불이 임한다. 이 불은 제단 위에 있는 제물과 장작뿐 아니라 그 주변에 있는 모든 것까지도 태워버린다. 이것을 본 모든 사람이 다음과 같이 고백한다.

"아! 알았습니다. 야훼께서 하느님이십니다"(1열왕 18,39 참조).

이로써 야훼 하느님이 참 하느님으로 판명된다. 그리고 마침내 가뭄의 땅에 큰비가 쏟아져 내린다. 야훼만이, 그리고 그분의 '말씀'만이 비를 멎게도 하시고 내려주기도 하시는 유일한 하느님이었던 것이다.

850명의 바알 예언자들은 순식간에 남김없이 심판을 받았다. 그리하여 야훼 신앙은 승리하고 바알 신앙은 패배하였다.

치명적 슬럼프에 빠지다

이 전대미문의 엄청난 사건은 희한하게도 극적인 반전으로 이어진다. 카르멜 산의 대승리는 왕비 이제벨의 강력한 재도전으로 인하여 곧바로 퇴색된다. 그토록 화려한 대승리가 있은 직후에, 더 이상 처절할 수 없는 엘리야의 좌절이 뒤따른 것이다. 카르멜 산에서의 소식을 들은 이제벨이 엘리야에게 강력하게 선전포고를 한다.

"네가 엘리야면 나는 이제벨이다."

사실 여기에는 말장난이 있다. '엘리야'는 '야훼는 나의 하느님!'이라는 뜻이다. 또 '이제벨'은 '왕이 어디 계시냐?'라는 뜻이다. 결국, 이는 "너에게는 야훼가 하느님이냐? 그렇다면 나에게는 바알신이 있다"라는 반격인 셈이다. 시쳇말로 "한번 붙어볼까?" 이렇게 되는 것이다.

그런데 방금까지만 해도 승승장구하던 엘리야가 이상하게 갑자

기 풀이 죽어서 도망을 친다. 로뎀나무, 곧 싸리나무 아래로 들어
가 푸념을 한다.

"주님, 이것으로 충분하니 저의 목숨을 거두어 주십시오. 저는
제 조상들보다 나을 것이 없습니다"(1열왕 19,4).

그러고 나서 싸리나무 덤불 아래 그대로 누워 잠들었다(1열왕
19,5 참조). 영영 깨어나지 않을 것을 희망하면서. 그는 하늘의 천사
들이 나타나 흔들어 깨우면서 제공한 불에 달군 빵과 물 한 병을
마시고는 또다시 누워 잠이 들었다(1열왕 19,6 참조).

성경에서 같은 문장이 반복될 때는 꼭 주목해 읽는 것이 정통
묵상법이다. 거기 뭔가 특별한 의미가 강조되고 있기 때문이다.
그렇다면 지금 이 구절 "누워 잠이 들었다"가 반복되고 있음은 무
엇을 암시하는가? 한마디로 엘리야 예언자가 그만큼 낙심하여 의
기를 상실했다는 얘기다. 그의 기도에 원격으로 귀 기울여보자.

❯❯

여기
로뎀나무 그늘 아래
제 지친 심신 눕힙니다.
축 늘어진 투혼(鬪魂)
이대로 잠들고 싶습니다, 미련 없이.
차라리 제 생을 거두어주소서, 영영.

거기

카르멜 산 정상에서

아합 왕과 그의 졸개 짝퉁 예언자 850명을

홀로이 맞서느라

저는 이미 '혼신'과 '영검'을 소진한 몸….

징글맞습니다, 집요한 저네들의 악다구니.

남편 아합의 통분을 대신하여 이제 악명 높은 이제벨이

바알과 아세라의 이름으로

제 목숨을 노린다는 풍문에

저는 두려움조차 방전한 채

무기력으로 흐느적댑니다.

사방을 둘러봐도 저는 홀로!

세상을 호령할 막강 군사통수권을 지닌 저네 앞에,

저는 그저 초라한 일개 백성일 뿐.

아무리 제 이름 엘리야(elijah)가

'야훼는 나의 하느님'을 뜻해도

겁 모르는 철부지 우상 왕권(王權) 눈에는

한낱 무모한 역모자(逆謀者)일 뿐.

야훼, 나의 하느님!

카르멜 산의 추억에 제 마음 자족하고,

저네들의 몰양심(沒良心)한 목숨놀음에 제 맥이 풀리고,

에이는 고독에 사무쳐 제 영혼 무너나오니,

이대로

지금 이대로

영원한 안락(安樂)에 들게 하소서.

부디 허하여주소서. 아멘.

하지만 천사들은 다시 그를 흔들어 깨워, 40일 동안 수발을 하며 호렙 산으로 데리고 간다. 이제 결정적인 대목에 왔다.

엘리야2 / 하늘의 사람

예언자 중 예언자　　　　　엘리야 예언자에 대한 후대의 평가는
　　　　　　　　　　　　　　신약성경에 그대로 반영되어 나타난
다. 신약성경에서 엘리야는 크게 세 가지 시각에서 언급된다.

　첫째는 세례자 요한과의 상관관계다. 세례자 요한의 갑작스러
운 출현을 언급하는 대목에서 그를 엘리야의 환생으로 바라보는
시각이 드러나고 있다.

　"요한은 낙타 털로 된 옷을 입고 허리에 가죽 띠를 둘렀다. 그의
음식은 메뚜기와 들꿀이었다"(마태 3,4; 2열왕 1,8 참조).

　둘째는 예수님과의 상관관계다. 예수님께서 공생활 중반기를
넘어서면서 "사람들이 나를 누구라고 하느냐?"(마르 8,27)라고 제자
들에게 물었을 때, 지목된 인물이 엘리야였다. "세례자 요한이라
고 합니다. 그러나 어떤 이들은 엘리야라 하고, 또 어떤 이들은 예

언자 가운데 한 분이라고 합니다"(마르 8,28).

셋째는 구약 전체에서의 위상이다. 예수님의 영광스러운 변모 사건에서 예수님께서 "모세 및 엘리야"(마태 17,3 참조)와 대화를 나누시는 대목이 극적으로 묘사되고 있다. 여기서 모세는 '율법서'를 엘리야는 '예언서'를 대표하는 인물로 등장하고 있다고 보는 것이 정설이다. 이렇듯이 엘리야는 말 그대로 예언자 중의 예언자로 꼽히고 있는 것이다.

어떤 근거에서 이런 평가가 나온 것일까? 앞의 글에서 우리는 엘리야 예언자의 초기 활약 가운데 카르멜 산에서의 진검승부와 그 직후 그가 빠진 치명적인 슬럼프에 묵상의 초점을 맞춰보았다. 그 말미에 천사들의 시중을 받으며 호렙 산에 들어가는 장면까지 추적해보았다.

그렇다면, 호렙 산, 거기서 어떤 일이 일어났으며 그 이후 그의 활약상이 어떠하였기에 후대는 그를 예언자 중의 예언자로 길이 기리고 있는 것일까?

이것이 우리가 궁금해할 가치가 있는 관심사다.

호렙 산에서

호렙 산 어드메쯤일까? 엘리야는 거기 한 동굴에 임시 둥지를 튼다. 그날 밤 갑자기 야훼 하느님의 말씀이 들려왔다.

"엘리야야, 여기에서 무엇을 하고 있느냐?"(1열왕 19,9)

엘리야는 저간에 그의 가슴에서 부글거렸던, 백성을 향한 억하심정을 여과없이 밝힌다.

"저는 이스라엘 백성들이 당신과 맺은 계약을 저버리는 것을 보고 만군의 하느님 야훼를 생각하여 가슴에 불이 붙고 있습니다. 이 백성은 당신의 제단을 헐었을 뿐 아니라 당신의 예언자들을 칼로 쳐죽였습니다"(1열왕 19,10: 공동번역).

한마디로 공분의 토로다. 이에 "나아가 산 위, 주님 앞에 서 있으라"는 하느님의 분부가 다시 내려진다. 그때 아주 큰 바람이 불어온다. 이어 지진이 일어나고, 불이 지나간다. 여기서 잠깐! 바람, 지진, 불 이 세 가지는 농경 문화권에서 우상 신을 믿는 사람들에게 매우 의미 있는 요소로 여겨지는 것들이다.

그러나 성경 본문은 이 우상숭배자들의 믿음을 단호히 부정하는 내용을 전한다. 곧 큰 바람과 지진과 불길이 이는 가운데에도 하느님께서 계시지 않았다는 사실이 크게 강조되고 있는 것이다.

그렇다면 하느님은 어디에 계시단 말인가? 이윽고 고요한 가운데 "조용하고 부드러운 소리"(1열왕 19,12)가 들려왔다. 그토록 기다리던 하느님의 임재다. 이 '소리[히브리어 콜(qol)]'는 '말씀'을 가리킨다. 이는 앞의 세 가지에 비교할 때 하나의 극명한 대조다. 이는 우리에게 매우 중요한 사실을 깨우쳐준다. 즉, 하느님께서는 바람, 지진, 불 등이 상징하는 요란스러운 형식이나 예식에 임장하시지 않는다. 대신 말씀 속에 은은히 존재하신다.

주님의 내림(來臨)을 감지한 엘리야는 즉시 움직인다. "엘리야는 그 소리를 듣고 겉옷 자락으로 얼굴을 가린 채, 동굴 어귀로 나와 섰다"(1열왕 19,13). 다시 주님의 물음이 들려온다.

"엘리야야, 여기에서 무엇을 하고 있느냐?"(1열왕 19,13)

이어지는 엘리야의 답변은 방금 전의 것과 똑같다. 여기서도 똑같은 문장이 두 번이나 "밑줄 좌—악" 하며 전하는 중후한 영적 메시지를 놓치지 말 일이다.

"저는 이스라엘 백성들이 당신과 맺은 계약을 저버리는 것을 보고 만군의 하느님 야훼를 생각하여 가슴에 불이 붙고 있습니다"(1열왕 19,14: 공동번역).

여기 이 표현, "만군의 하느님 야훼를 생각하여 가슴에 불이 붙고 있습니다!" 좀 더 세게 번역하면 "주님 위하는 생각에 열화(烈火)가 부글댑니다"쯤이 된다. 가히 독보적 열성이다.

곰곰 시간을 거슬러 이때 엘리야를 상상으로 그려보자니, 쿵쾅대는 그의 심장 박동이 들려오는 듯하다.

☖

별빛도 흑암 속에 잠든 이 밤,
심장이 부글거려
잠 못 이루나니.
강퍅한 이스라엘 백성

당신과 맺은 계약 허투루 깨트림에,
더불어 저마다 제 세상 무법천지로 놀아남에,
타들어 가는 주님의 애간장 속절없이 애처로워서,
제 심장 부글거려
잠 못 이루나니.

초목들도 밤기운에 거나하게 취한 이 시각,
가슴이 미어터져
몸을 뒤척이나니.
우매한 이스라엘 자손들
감히 주님의 제단 마구 허물어댐에
더불어 도처에 우상, 굿당, 점집들을 우수수 끌어들임에,
끓어오르는 주님의 진노 두렵도록 전율하여서,
제 가슴 미어터져
몸을 뒤척이나니.

벌레 소리도 깊은 적막에 숨어든 이 미명에,
마음이 산란하여
끌탕하나니.
완악한 제 골육
무엄하게 주님의 예언자들 베어 죽임에,
더불어 당신을 거부하고, 배척하고, 등짐에,

고조되는 심판의 귀결 안타까워서,

제 마음 산란하여

여태 웅크린 채 오금을 졸이고 있나니.

야훼 나의 주님,

이를 어찌하리이까.

정녕 어찌하리이까.

소임을 다하고

엘리야는 하늘 사람! 방금의 발설에서는 과연 '하늘 사람'의 고뇌가 묻어난다. 어느 '땅 사람'이 하느님 마음을 헤아리며 저토록 안타까워할 수 있을까. 하느님께서는 엘리야의 저 마음 씀씀이를 흐뭇하게 여기시며, 남은 소임을 분부하신다. 다마스쿠스 광야 길로 돌아가 몇몇 인물에게 기름부어 왕으로 세우고 엘리사를 제자로 삼을 것, 그리고 '남은 자 칠천 명'(1열왕 19,18 참조)에 희망을 두고 용기백배 예언직을 수행할 것!

어련하랴. 엘리야는 말씀 그대로 이행하고 임무를 완수한 후 불 수레를 타고 승천한다. 워낙에 당시 우상숭배의 정도와 규모가 고약스러워 하늘에서 비상 사명을 띠고 이 땅에 내려졌으니, 그렇게 초자연적으로 귀향하는 것은 당연한 일이었다.

가죽 옷 차림을 하고(2열왕 1,8 참조) 까마귀와 천사들이 날라다준 음식으로 연명했던 그, 그가 행한 이적이 얼마나 하늘스러웠으면 집회서는 그에게 다음과 같은 헌사를 바쳤을까.

"당신을 본 사람들과

사랑 안에서 잠든 사람들은 행복합니다.

우리도 반드시 살아날 것입니다"(집회 48,11).

여기서 "사랑"은 "당신(엘리야)의 사랑을 입은 인연"을 뜻하니, 그와 한 시대를 같이 살았던 동시대인을 가리킨다고 보면 되겠다. 그와 동시대를 살았던 이는 행복하다! 그는 과연 이런 부러움을 살 만한 인물이었다.

엘리사1 / 영검의 예언자

쟁기를 부수고 엘리야를 따르다　엘리야의 시대가 끝을 향하고 있을 무렵, 하느님께서는 엘리야에게 아벨 므홀라 출신 사팟의 아들 엘리사에게 기름부어 그의 뒤를 이을 예언자로 세울 것을 명하셨다. 바로 호렙 산 기도 중의 일이었다.

　엘리야는 하산하여 돌아오는 길에 엘리사를 만나 주님의 분부대로 행했다. 마침 엘리사는 열두 겨릿소로 밭을 가는 중이었다. 엘리야는 자신의 겉옷을 그에게 걸쳐주었다. 엘리사는 이것이 "너는 내 제자가 되거라"라는 거룩한 초대임을 금세 알아차렸다.

　"하느님은 구원이시다"를 뜻하는 엘리사! 그는 이름 뜻에 걸맞게 화끈하게 응답했다. 그는 잠시의 고민도 없이 즉시 움직였다. "엘리사는 소를 그냥 두고 엘리야에게 달려와 이렇게 말하였다"(1열왕 19,20). 그는 즉시 내린 결단을 엘리야에게 전하면서 마지막 고별 인사의 말미를 청한다.

"아버지와 어머니에게 작별 인사를 한 뒤에 선생님을 따라가게 해 주십시오"(1열왕 19,20).

엘리야는 쾌히 수락하였다. 엘리사의 결단에는 뭉클한 그 무엇이 있다. 그는 집으로 돌아가서 자신이 부리던 황소 두 마리를 잡고 쟁기를 부수어 그것으로 고기를 구워 사람들을 대접하였다(1열왕 19,21 참조). 혹여 나중에 딴 마음이 들어 귀향의 유혹이 들 때를 대비해서 돌아갈 빌미를 태워버린 것이었다. 그런 뒤에야 엘리사는 엘리야를 따라갔다.

두 배의 영검   엘리사가 엘리야를 따라다닌 지 얼마나 되었을까. 이제 엘리야는 하늘로 돌아가야 할 때가 되었음을 직감하고, 아무도 모르게 '승천'할 기회를 찾는다. 그러려면 일단 엘리사를 떼어놓아야 한다. 그래서 이렇게 말한다.

"너는 여기 남아 있어라. 주님께서 베텔까지 나를 보내셨기 때문이다"(2열왕 2,2).

하지만 엘리사는 미구에 심상치 않은 일이 일어날 것임을 눈치챈다. 하여 그는 물러서지 않고 굳이 스승 엘리야 주변에 머물겠다고 고집을 부린다. 이런 식의 거룩한 실랑이가 세 번이나 거듭된다(224쪽 '끝장 믿음' 참조).

이쯤 되자, 엘리야가 흡족한 듯 말한다.

"주님께서 나를 너에게서 데려가시기 전에, 내가 너에게 해 주어야 할 것을 청하여라"(2열왕 2,9).

엘리사의 청이 걸작이다.

"스승님 영(靈)의 두 몫을 받게 해 주십시오"(2열왕 2,9).

이 말을 들은 스승의 마음은 어땠을까? 그는 난색을 드러내며 말한다.

"너는 어려운 청을 하는구나. 주님께서 나를 데려가시는 것을 네가 보면 그대로 되겠지만, 보지 못하면 그렇게 되지 않을 것이다"(2열왕 2,10).

주고 안 주고는 자신의 결정에 달린 것이 아니라, 주님의 뜻에 달린 것이라는 답변! 과연 엘리야다운 예지다.

하느님께서는 엘리사의 청원을 들어주셨다. 그것도 그저 그렇게가 아니라 스펙터클한 장면으로 응답해주셨다. 엘리사로 하여금 엘리야가 불수레를 타고 장엄하게 하늘로 귀향하는 모습을 두 눈으로 보게 해주신 것이었다. 이에 엘리사는 자신의 옷을 찢어버리고 엘리야가 하늘을 오르면서 떨어뜨린 겉옷을 대물림하는 영광을 누리게 된다. 이와 함께 자신의 소원대로 스승 엘리야의 영검이 자신에게 임한 것을 강물을 가르는 기적으로 즉시 체험하게 된다. 이로써 구약성경의 귀한 여러 페이지를 장식하는 엘리사의 이적 이야기들이 시작된다.

끝장 믿음   제자 엘리사를 떼어놓으려고 스승 엘리야가 베
                   텔로 내려가겠다고 말했던 대목으로 다시 돌아
가 보자. 스승의 말에 엘리사는 이렇게 응수한다.

"주님께서 살아 계시고 스승님께서 살아 계시는 한, 저는 결코
스승님을 떠나지 않겠습니다"(2열왕 2,2).

그리하여 그들은 함께 베텔로 내려간다. 이런 식의 대화와 동행
이 '예리코'행 그리고 '요르단 강'행, 이렇게 두 번이나 더 이뤄진다.

모두 합해서 세 번! 장소만 바뀌었지 대화의 내용이 토씨까지 똑
같다. 이는 거기에 매우 중요한 영적 깨달음의 단서가 있다는 성경
진술 방식이다. 진흙 속에 묻힌 진주는 바로 엘리사의 말이다.

"주님께서 살아 계시고 스승님께서 살아 계시는 한, **저는 결코
스승님을 떠나지 않겠습니다.**"

세 번 거듭된 이런 불퇴진의 신앙적 집념이 엘리야, 나아가 하
느님의 마음을 움직여 엘리사로 하여금 스승 엘리야가 남길 영검
의 두 몫을 받게 해주었던 것은 아닐까. 추론이 아닌 직관으로 오
는 깨달음이다.

아이러니하게도 엘리사는 수넴 여인의 죽은 아들을 살리는 기
적 이야기에서, 수넴 여인의 입에서 발설된 똑같은 '생떼'에 설복
당하고 만다.

"주님께서 살아 계시고 어르신께서 살아 계시는 한, **저는 결코
어르신을 떠나지 않겠습니다**"(2열왕 4,30).

엘리사 자신의 어투와 완전 판박이다. 이 집요한 청원을 엘리사
는 외면할 수가 없었다(2열왕 4,30 이하 참조).

'생떼 기도'라 할까 '끝장 기도'라 할까. 어떻게 부르든 우리는 이
와 한통속인 기도들을 당시 기준으로 아득한 윗대에서, 그리고 까
마득한 아랫대에서도 발견한다.

야뽁 강 나루터에서 야훼의 천사와 씨름을 하면서 바쳤던 야곱
의 기도 소리는 여전히 옹골차게 들린다. "저에게 축복해 주시지
않으면 놓아 드리지 않겠습니다"(창세 32,27).

예수님께서 끈질기게 기도할 것을 격려하며 비유말씀의 예로
든 '과부'의 청원에서도 끝장 정신이 물씬 묻어난다. "그(과부)는
줄곧 그 재판관에게 가서 〔…〕 **졸랐다**"(루카 18,3).

문득 무릎이 쳐지건대, 이들의 기도는 고스란히 오늘 우리의 기
도 소리로 되살아나야 하지 않을까.

⌃

저는 당신이 부르신 예언직에 제 생의 외통수를 놓고 쟁기
를 부수었습니다. 두 몫의 영검을 받을 때까지, "결코 스
승님을 떠나지 않겠습니다."
제 아들이 죽었습니다. 몸소 왕림하여 살려주실 때까지,
"결코 어르신을 떠나지 않겠습니다."
제 형 에사우에게 장자권을 도로 빼앗길까 봐 죽도록 산란

합니다. 보장의 약속을 받을 때까지, "놓아드리지 않겠습니다."

제가 억울한 일을 당했습니다. 저와 적대자 사이에 올바른 판결을 내려주실 때까지, "줄곧 졸라댈 것입니다."

제가 진퇴양난 막다른 골목에 처했습니다. 저에게 도움의 손길이 내려올 때까지 이 기도의 외줄을 놓지 않겠습니다.

오냐, 너 엘리사야, 네 믿음의 근기(根氣)가 굳세어, 내 아니 들어줄 수가 없구나.

오냐, 너 수넴의 아낙아, 네 절절한 애원이 야무져, 내 거절할 수가 없구나.

오냐, 너 야곱아, 네 집요한 기구(祈求)가 옹골차니, 내 기꺼이 강복하마.

오냐, 너 홀어미야, 네 가련한 생떼가 옴팡지니, 내 정녕 네 편이 되어주마.

오냐, 너 아무개야, 네 다급한 애소가 절박하니, 나 하늘을 찢고 너를 도우마.

신약에서 예수님께서는 이런 막무가내 기도를 확실하게 응원해주신다. "하느님께서 당신께 선택된 이들이 밤낮으로 부르짖는데 […] 그들을 두고 미적거리시겠느냐?"(루카 18,7)

엘리사2 /집행자

엘리사 활약의 결산　앞의 엘리야 편 글에서 엘리야가 호렙 산에 들어가 야훼 하느님께로부터 받은 예언 말씀에 대해 잠깐 언급한 적이 있다. 다시 상기하자면, 그 핵심은 이렇다.

"길을 돌려 다마스쿠스 광야로 가거라. 거기에 들어가거든 하자엘에게 기름을 부어 아람의 임금으로 세우고, 님시의 손자 예후에게 기름을 부어 이스라엘의 임금으로 세워라. 그리고 아벨 므홀라 출신 사팟의 아들 엘리사에게 기름을 부어 네 뒤를 이을 예언자로 세워라"(1열왕 19,15-16).

다소 길지만 그대로 옮겨봤다. 그 까닭은 이 말씀들이 액면 그대로 이루어졌음을 우리는 그 이후의 성경 사록에서 확인할 수 있기 때문이다.

그런데 여기서 우리가 특별히 주목해야 할 사실이 있다. 예언 말씀의 지시는 분명히 엘리야에게 내렸는데, 임무 완수는 엘리사를 통해서 비로소 이루어졌다는 점! '다마스쿠스'에서 아람 임금 벤 하닷의 신하 하자엘에게 다음 임금이 될 것을 선언한 것은 엘리야가 아니라 엘리사였다(2열왕 8,13 참조). 님시의 손자 예후에게 기름을 부어 임금으로 세운 것 또한 엘리사, 더 정확히 말하여 엘리사의 명을 받든 그의 제자를 통해서였다(2열왕 9,6-10 참조).

　이는 우리에게 무엇을 말해주는가? 크게 두 가지가 읽힌다.
　첫째, 엘리사의 정체성은 스승 엘리야에게 내린 예언 말씀의 '집행자'라는 사실이다. 횟수와 양상에서 스승 엘리야를 능가하는 기적들을 행했던 엘리사가 사실은 독자적 예언자가 아니라 철저하게 엘리야 예언의 성취자 내지 완수자였던 것! 말하자면, 예언 말씀의 성취에 2세대가 요구되었기에 하느님께서 엮어주신 특임의 '2인 1조'였던 셈이다. 엘리야 예언자에게 내린 예언 말씀이 다 이루어졌을 때, 이를 확실히 언급해두는 다음의 대목이 이런 결론을 뒷받침해준다. "주님께서는 당신의 종 엘리야를 통하여 말씀하신 것을 이루셨습니다"(2열왕 10,10; 2열왕 9,36 참조).
　둘째, 내용상으로 볼 때 엘리야 예언자를 역사의 무대에 등장시켰던 이스라엘 최악의 우상숭배자 아합 왕과 왕비 이제벨 그리고 그들의 자손들에 대한 하느님의 심판이 엘리사 활약의 기저를 흐르는 복선으로 깔려 있다는 사실이다. 그러니까 엘리사 시대의 그

장황하고 복잡다단한 역사가 엘리야 시대에 발단이 된 야훼 신앙과 바알(및 아세라) 우상숭배 사이의 대결이라는 관점에서 기술되고 있다는 얘기다. 우상숭배가 얼마나 지독스럽게 성행했기에 그랬을까! 또 우상숭배를 야훼 하느님께서 얼마나 혐오하셨기에 그랬을까! 뭔가 묵직한 영적 각성의 동인(動因)이 감지되는 대목이다.

집행자 영성　　엘리사는 확실히 엘리야의 후광 덕에 큰 예언자로서 활약하였다. 후대 사람들은 이를 이렇게 기록한다.

　"엘리야가 소용돌이에 휩싸일 때
　엘리사는 **엘리야의 영으로** 가득 차게 되었다.
　엘리사는 일생 동안 어떤 통치자도 두려워하지 않았고
　아무도 그를 굴복시키지 못하였다. 〔…〕
　살아생전에 엘리사는 기적들을 일으켰고
　죽어서도 그의 업적은 놀라웠다"(집회 48,12.14).

　이 기림글이 드러내고 있듯이 엘리사는 '엘리야의 영으로 가득 차서' 활약하였다. 그랬기에 두려움을 모른 채 위풍당당하게 숱한 기적들을 행했다. '기적'과 '업적'은 예언의 선포자로서보다 예언의 집행자로서 엘리사의 정체성을 부각시켜준다. 담대한 집행자! 이런 초상(肖像)으로 후대 이스라엘 현자들은 엘리사를 기렸다.

　집행자 엘리사! 매력 있는 타이틀이다. 하나의 본(本)으로 삼아도 될 만한 영적 기상이 느껴진다. 어쩌면 오늘날 우리 교회에 가장 필요한 영성이 바로 담대한 실행이 도드라진 엘리사 표 영성일지도 모른다.

최근 수십 년간 많은 교회 지도자들의 입술을 통해서 다양한 시각에서 언급된 교회의 위기 국면은 엘리야와 엘리사 시대의 그것과 크게 다르지 않다. 다원주의(결과적으로 다신론)의 침식에 따른 신앙의 총체적 위기, 기성 신앙인들의 이탈 및 해이! 이에 대한 바람직한 해결책은 무엇일까? 필경 탁월한 신학자들의 격론을 통해 도출된 묘안은 아닐 터다. 어느 역사적 존재도 답을 몰라서 몰락한 적은 없다. 더구나 구원의 역사에서는 더욱 그렇다. 답은 이미 명료하게 주어졌다.

십계명의 충실한 준행!(신명 30,15-16; 여호 1,7 참조) 내용상으로 경천애인(敬天愛人).

뻔하고 뻔한 답이다. 하지만 이 답 안에 인류 번영의 모든 심오한 비밀이 함축되어 있다. 일단 실행하기만 하면, 굳이 그 깊은 의미를 모른다 해도, 번영의 이치는 작동된다. 십계명을 왜 지켜야 하는가? 나와 공동체의 선익을 위해서다. 왜 경천애인해야 하는가? 그것이 최상의 인륜(人倫)인 동시에 만사형통의 대로(大路)이기 때문이다. 이 얼마나 쉬운 답인가! 그럼에도 이 쉬운 답을 우직하게 살아낸 사람은 극히 드물다. 그러기에 엘리사 표 '집행자' 영성이 아쉬워지는 것이다.

그런데 흔히 실행, 실천, 행동 등을 전면에 내세울 때 꼭 주의해야 할 유혹이 있다. 바로 '자기'라는 이름의 우상, 아니면 '이데올로기'라는 이름의 우상에 빠지는 유혹이 그것이다. 그러므로 그리스도교 신앙의 이름으로 '집행자' 영성을 살고자 하는 이는 먼저 다음의 말씀이 권하는 마음가짐을 기본기로 익힐 일이다.

"그분께서는 준마의 힘을 좋아하지 않으시고
장정의 다리를 반기지 않으신다.
주님께서는 당신을 경외하는 이들을,
당신 자애에 희망을 두는 이들을 좋아하신다"(시편 147,10-11).

'준마의 힘'이나 '장정의 다리'는 이미 자기 능력이다. 이것에 의지하는 이에게는 하느님의 권능이 끼어들 틈이 없다. 하느님의 뜻도 자신의 뜻에 밀려난다. 반면, 당신을 경외하고 당신께 희망을 두는 이들에게는 하느님이 꼭 필요한 존재가 된다. 결과적으로 하느님의 지혜와 권능이 환영리에 드러난다.

이 시편 말씀을 유념하면서, 우리도 '집행자' 영성을 한 걸음씩 걸어봄이 어떨까. 그 원조 엘리사에게 전구를 청해봄은 어떨까. 기대하건대, 만일 우리가 그럴 양이면, 엘리사뿐 아니라 엘리야 성인도 합세하여 이렇게 강복을 빌어주지 않겠는가.

나의 아버지, 모든 거룩한 이들의 아버지!
여기 무릎 꿇은 이를 굽어살피사

굳센 믿음을 내려주소서.

그는 '남은 자 칠천 명'(1열왕 19,18 참조) 가운데 하나,

그 갸륵함을 보사 그에게 용사의 결기를 내리소서.

성령으로 그를 새로 빚으시어

머리는 소박하고, 입술은 신중하며, 가슴은 두텁고, 몸은

뚝심 있는

사람이 되게 하소서.

그리하여 그가

그 소박으로 오롯이 주님 말씀에 콧노래 부르고,

그 신중으로 매번 예와 아니요를 감연히 가르고,

그 두터움으로 언제나 맷집 있게 희망 두르고,

그 뚝심으로 온갖 파랑을 헤치고 천명을 결행하게 하소서.

아멘!

호세아 /막장 예언자

기구망측한 부르심　　예언자의 운명은 고달프다. '하느님의 말씀'을 전하면 환영받을 줄 알았는데, 대부분 섣불리 말씀을 전하였다가 봉변당하기 일쑤였다. 거부나 비웃음을 넘어 박해받는 일이 다반사였다. 그 이유는 예언의 내용이 듣는 이의 비위를 건드리거나 심사를 불편하게 만들었기 때문이다. 이스라엘 백성들은 우상숭배에 절어 있는 자신들의 죄를 회개하기는커녕 외려 축복, 치유, 격려의 말씀을 잔뜩 기대하고 있었다. 하지만 내려진 말씀은 힐난, 경종, 나아가 심판 일색이었던 것이다.

　호세아! 그는 이런 포괄적 진술을 벗어나는 특이한 운명의 예언자였다. 호세아는 엘리야와 엘리사 이후, 아모스에 이어 불리움을 받았다. 그는 유다 임금 우찌야, 요탐, 아하즈, 히즈키야 시대 그리고 이스라엘 임금 여호아스의 아들 예로보암 시대에 활약했다.

야훼의 영이 돌연 브에리의 아들 호세아에게 덮쳤다. 그에게 예언 말씀이 임하여 그로 하여금 뜬금없이 고메르라는 이름의 창녀와 결혼하도록 명하신다.

"너는 가서 창녀와 창녀의 자식들을 맞아들여라. 이 나라가 주님에게 등을 돌리고 마구 창녀 짓을 하기 때문이다"(호세 1,2).

그가 말씀을 받들어 결혼을 하니, 곧 아이가 들어선다. 아비가 누구인지는 아내 고메르만이 안다. 호세아는 이 아이를 자신의 아이로 받아들인다.

첫아이는 아들이었는데 하느님께서는 그를 '이즈르엘'이라 부르도록 작명하여주셨다. 이는 예후 임금이 이즈르엘 광야에서 무죄한 이들을 죽인 죗값을 기억하겠다는 의미다. 이름 자체가 예언의 취지를 내포하고 있다!

둘째는 딸이었는데 '로 루하마'라 이름 붙여주셨다. 이는 '가엾이 여김을 받지 못하는 자'라는 뜻이다. 이스라엘을 '천덕꾸러기'로 여기시겠다는 경종인 셈이다.

셋째는 아들이었는데 '로 암미'라 부르도록 하셨다. 이는 '내 백성이 아니다'라는 뜻이다. 이스라엘이 더는 당신 백성이 아니라는 엄포의 표현이다.

이처럼 비정상적인 가정의 구성은 한마디로 우상숭배에 빠진 상황을 '간음'으로 그려내는 장치 역할을 하고 있다. 이 사실들은 잠시 신학적으로 숙고해볼 가치가 있다. 혹자는 말할 수도 있다. "아니, 예언자도 인격이 있고 자기 삶이 있는데, 아무리 하느님의 주도적 결정이라 해도 너무 잔혹한 처사다!" 충분히 일리 있는 변론이다. 하지만 이런 식의 접근은 공연히 시간만 낭비할 따름. 우리는 '호세아'에게 담보될 영적 배상을 전적으로 하느님 자비에 맡길 줄 알아야 한다. 대신 여기서 우리는 보다 지혜롭게 물음을 던질 수 있어야 한다. "도대체, 왜 호세아는 바람난 여인과 살아야만 했는가? 또 저주에 가까운 세 자녀의 이름들은 무엇을 겨냥하고 있는 것인가?"

답은 의외로 명료하다. 그 별스러운 설정들이 모두 하느님의 애간장 녹는 심사를 드러내는 상징으로 기능한다는 것! 아무리 격한 질타와 절절한 호소로도 더는 통하지 않으니까 하느님께서는 가장 쇼킹한 상징을 동원하고 계신 것이다. 단, 억지 강압이 아니라 호세아 예언자의 자발적 순명을 유도하면서 말이다.

'19금 언어' 예언 메시지

호세아에게 하느님 말씀이 내리자, 그의 입술은 이스라엘의 죄상을 바람난 여인에 비유하여 고발한다. 바알에 홀린 이스라엘 백성들의 모습이란 꼭 정부에 홀딱 빠진 여인의 독백과 같다.

"양식과 물 양털과 아마 기름과 술을 주는 내 애인들을 쫓아가 야지"(호세 2,7).

그러다가 문득 정신이 들어 '야훼 하느님'이 그리워지면, 첫정을 그리워하는 여인의 심경이 된다.

"이제 가야지. 첫 남편에게 되돌아가야지. 그때가 지금보다 더 좋았는데 …"(호세 2,9).

호세아는 이런 우상숭배의 심리를 적나라하게 고발한 후, 심판 의 예언 말씀을 선포한다.

"나는 바알들의 축제일 때문에 그 여자를 벌하리라. / 그 여자 는 바알들에게 분향하고 / 귀걸이와 목걸이로 단장한 채 / 애인들 을 쫓아갔다. / 그러면서 나를 잊어버렸다"(호세 2,15).

그사이 호세아의 아내는 또 집을 나가버린다. 하느님께서는 호 세아에게 집 나간 아내를 데려다 살 것을 명하신다. 호세아는 군 말 없이 따른다. 그는 은 열다섯 세켈, 그리고 보리 한 호메르와 한 레텍으로 그 여자를 사들인다. 분부를 내리신 하느님도 하느님 이시지만, 호세아도 대단하다. 집 나간 아내가 다시 돌아와도 받 아줄지 말지 하는 것이 인지상정인데, 몸값을 지불하고 다시 데려 온다? 여간한 무심(無心) 아니고는 할 수 없는 일이다.

어쨌건, 호세아가 우상숭배를 고발하는 대목은 너무 선정적인 표현들이 거침없이 뿜어져 나와서 읽기도 민망스럽다. 왜 이런 언필칭 '19금' 단어와 문장들이 여과 없이 사용되고 있는 것일까? 바로 야훼 하느님의 속 타는 심정을 절정으로 그려내고, 그 지점에서 하느님의 애절한 호소를 극적으로 전하기 위함이다.

"너희의 **신의**는 아침 구름 같고 / 이내 사라지고 마는 이슬 같다. 〔…〕 정녕 내가 바라는 것은 희생 제물이 아니라 **신의**다. / 번제물이 아니라 하느님을 아는 예지다"(호세 6,4.6).

새 번역에서 '신의'로 번역된 원어 '헤세드'는 '충성', '사랑', '자비', '긍휼' 등의 의미가 있으며, 신약성경에서는 대부분 자비로 사용되고 있다. 공동번역은 이를 '사랑'으로 번역하고 있다.

"내가 반기는 것은 제물이 아니라 사랑이다. / 제물을 바치기 전에 / 이 하느님의 마음을 먼저 알아다오"(호세 6,6: 공동번역).

'하느님을 아는 예지'라는 명사형 문장을 '하느님의 마음을 알아다오'라는 동사형 문장으로 바꾸니 우리를 향한 하느님의 짝사랑이 더욱 호소력 있게 전해진다.

바람난 여인같이 신앙의 여정에서 갈팡질팡했던 우리의 배신을 생각하면, 이 애소에 눈물이 날 지경이다.

적지 않은 이들이 하느님을 마치 지구의 중력처럼 아무런 감정이 없는 비인격적인 '힘'이라고 생각한다. 그러나 호세아가 전하는 하느님은 고감도 정감을 지니셨다. 그러기에 당신 백성들에게 미련스러운 사랑을 고백하고, 오롯한 연정에로의 회귀를 애걸복걸

하시는 것이다.

필경 호세아는 예언 말씀 선포 이전에 하느님의 바보 같은 사랑
에 눈물 콧물로 공감하였으리라.

⌃

마누라가 집을 나갔습니다.
또 나갔습니다.
또 또 또, 어느 놈과 눈이 맞았습니다.
주님, 그걸 죽일까요 살릴까요.

"다시 데려다 살거라.
나는 더 속 탄다.
내 가슴은 더 곪고 있다.
너희한테 당한 배신감을 무엇에 비기랴."

주님, 제 심장이 터질 것 같습니다.
바람난 마누라도 마누라지만,
우상과 구습에 절은 저 백성,
아무리 주님 애정을 강하게 전해주어도,
들은 둥 못 들은 둥, 건성으로 제물을 바치는 꼴들이
애처롭기 그지없습니다.

"호세아, 네가 내 위로다.
네가 내 마음을 알아주는구나.
사랑에 관한 한 나는 버림받은 자이며, 소박데기!
너 하나만이라도 내겐 치유이니, 너는 끝내 내 사랑으로
남거라.
제발, 제발, 제발."

≫

위기 저 너머

히즈키야
요시야
이사야
예레미야
에제키엘

히즈키야 / 전설의 왕

찬란한 치적   히즈키야는 다윗 왕 이후, 솔로몬에 이어 가
장 훌륭한 왕으로 꼽힌다. 그에 대한 열왕기
의 기록은 찬란하다.

"그는 주 이스라엘의 하느님을 신뢰하였다. 그의 뒤를 이은 유
다의 모든 임금 가운데 그만 한 임금이 없었고, 그보다 앞서 있던
임금들 가운데에서도 그만 한 임금이 없었다"(2열왕 18,5).

그가 이토록 전무후무한 왕으로 평가받게 된 이유는 명료하다.

"그는 자기 조상 다윗이 하던 그대로, 주님의 눈에 드는 옳은 일
을 하였다"(2열왕 18,3).

실제로 그는 왕위에 오른 후, 성전을 수리하고 청결케 하는 등 일
종의 성전 정화작업을 하는 것으로 통치를 시작했다(2역대 29,3 참조).

그는 산당들을 없애고 기념 기둥들을 부수었으며, 아세라 목상

들을 잘라버리는 한편, 모세가 만든 구리 뱀을 깨부수었다. 이는 느후스탄이라고 불리던 그 구리 뱀에게 이스라엘 자손들이 그때까지도 향을 피우며 제물을 바쳤기 때문이다. 나아가, 그는 축제일을 엄격하게 지키게 하는 등 절기 전례를 부활시켰다.

히즈키야는 개인적으로도 허물없는 삶을 살았다. 그는 여느 왕들처럼 우상숭배에 빠지지 않고, 오직 야훼 하느님께 충성을 다하면서 야훼께서 모세에게 주신 계명들을 준수하였다. 그러기에 하느님께서는 그와 함께 계시며 그로 하여금 승승장구하게 하셨다.

아시리아의 침공을 물리침

히즈키야 왕은 스물다섯에 즉위하여 예루살렘에서 스물아홉 해를 치세하였다(2열왕 18,2 참조). 그가 남왕국 유다를 통치할 때, 북왕국 이스라엘은 호세아 왕이 다스리고 있었다. 그는 예언자 호세아와는 다른 인물이다. 참고로 호세아, 여호수아, 예수는 다 같은 이름으로 모두 "야훼께서 구원이시다"라는 뜻이다. 이는 전라도 발음 다르고, 경상도 발음 다르고, 서울 발음 다르듯 발음이 조금씩 다른 이치다.

히즈키야는 제육년에, 북왕국 이스라엘이 아시리아에 의해 멸망하는 꼴을 겪는다. 이는 이스라엘 왕 호세아 제구년의 일이었다. 동족의 입장에서 이러지도 저러지도 못하고 그냥 뼈아프게 바라만 보아야 했던 일이다.

그랬는데 몇 년 지나지 않아 남왕국 유다에 똑같은 위협이 닥쳤다. 히즈키야 왕 제십사년에 아시리아 왕 산헤립이 유다를 침략하여 요새화된 모든 성읍을 점령하였다(2열왕 18,13 참조). 히즈키야는 호락호락하게 항복하지 않았다. 우선 적진의 퇴각을 유도할 요량으로 성 밖의 모든 샘과 물줄기를 막아버렸다. 그리고 그는 용기를 내어 허물어진 성곽을 수축하고 망대들을 높이고 성 밖에 또 성을 쌓았다(2역대 32,5 참조).

허나 그 정도로 포기할 아시리아 왕이 아니었다. 그는 전군을 거느리고 '라키스' 성읍을 공격하면서, 예루살렘으로 대신들을 보내어 온 백성이 듣는 가운데 히즈키야 왕의 패전과 야훼 하느님을 모독하는 욕설을 떠들어대도록 하다가, 급기야 하느님을 조롱하고 비방하는 편지까지 써서 보냈다.

"저희 백성을 내 손에서 구해 내지 못한 세상 민족들의 신들처럼, 히즈키야의 하느님도 제 백성을 내 손에서 구해 내지 못할 것이다"(2역대 32,17).

이에 히즈키야는 아모츠의 아들 이사야 예언자의 도움을 청하여, 그와 함께 하늘을 우러러보고 울부짖으며 기도하였다(2역대 32,20 참조). 하느님께서는 이 기도에 응답하시어 천사들을 보내시어 아시리아의 진지에 있는 지휘관과 사령관 이하 전군을 쓸어버리셨다. 아시리아 왕은 부끄러워 얼굴도 들지 못하고 돌아가 자기 신전에 들어갔다가 거기에서 친자식들의 칼에 최후를 맞았다(2역대 32,21 참조).

이처럼 하느님께서는 히즈키야와 예루살렘 백성을 아시리아 왕 산헤립과 모든 적의 손에서 구원하셨다. 당시 아시리아 제국의 국제적 위용을 고려할 때, 히즈키야 왕의 승전담은 가히 전설적인 것이었다. 이 소문은 널리 퍼져나가 히즈키야는 모든 민족 앞에서 들어 높여졌다(2역대 32,23 참조).

하지만! 히즈키야는 결정적인 잘못을 범했다. 그는 그 전공(戰功)을 야훼 하느님께 돌리지 않고 자신의 업적으로 여기는 교만에 빠져, 받은 은혜에 보답하지도 않고 감사도 드리지 않았던 것이다. 그 결과를 역대기는 이렇게 기록한다. "그래서 주님의 진노가 그와 유다와 예루살렘에 내렸다. 히즈키야는 마음이 교만하였던 것을 뉘우치고 예루살렘 주민들과 함께 자신을 낮추었다. 그래서 히즈키야가 살아 있는 동안에는 주님의 진노가 그들에게 닥치지 않았다"(2역대 32,25-26).

면벽(面壁) 기도　　모름지기 바로 저런 연유에서였으리라. 히즈키야 왕은 돌연 죽을병에 걸려 몸져 누웠다. 그런 그에게 이사야 예언자가 절망적인 소식을 전했다. 하느님 말씀은 냉혹했다.

"너의 집안일을 정리하여라. 너는 회복하지 못하고 죽을 것이다"(2열왕 20,1).

그러자 그가 얼굴을 벽 쪽으로 돌리고 주님께 기도하였다. 이른바 '면벽 기도'였다.

"아, 주님, 제가 당신 앞에서 성실하고 온전한 마음으로 걸어왔고, 당신 보시기에 좋은 일을 해 온 것을 기억해 주십시오"(2열왕 20,3).

그러고 나서 히즈키야는 슬피 통곡하였다. 나는 그 대목을 전하는 성경 갈피에서 목소리 낭랑한 환청을 듣는다.

⌃

"너의 집안일을 정리하여라.
너는 회복하지 못하고 죽을 것이다"(2열왕 20,1).
무어라 말하리이까?
당신 몸소 제게 말씀하셨고
당신 친히 정하신 일인데!(이사 38,15 참조)

그저, 벽을 바라보며
슬피 통곡할 뿐.
낮이면 제비처럼 애타게 부르짖고
밤이면 비둘기처럼 구구구 울어댑니다(이사 38,14 참조).

제 순정을 어여삐 여겨주소서, 오롯이 주님만 믿어온 생이었나니.
제 열정을 가상히 보아주소서, 그 뒷심에 산당과 우상들을 훼파했나니.

제 수고를 후히 셈하여주소서, 열매는 아니라도 선의 씨앗
들을 뿌렸나니.
무엇보다도 제 지조를 참작하소서, 입때껏 주님 아닌 것에
마음 준 적 없나니.

비록
알량하고
초라하고
보잘것없사오나
이것이 제가 내어 보일 모든 것!
아아, 터럭 같은 저 선의(善意) 담보로 쳐주시어
부디 제게 날들(days)을 하사하소서.
정녕 "저를 낮게 해 주소서, 저를 살려 주소서"(이사 38,16).
아멘!

　기도는 하느님 심부를 건드렸다. 이사야 예언자를 통해 다시 내
려주신 응답의 말씀은 이랬다.
　"나는 네 기도를 들었고 네 눈물을 보았다. 이제 내가 너를 치유
해 주겠다. 사흘 안에 너는 주님의 집에 올라가게 될 것이다. 내가
너의 수명에다 열다섯 해를 더해 주겠다. 그리고 아시리아 임금의
손아귀에서 너와 이 도성을 구해 내고, 나 자신과 나의 종 다윗을
생각하여 이 도성을 보호해 주겠다"(2열왕 20,5-6).

요시야 / 개혁의 왕

3대 성왕　요시야는 남왕국 유다 땅을 다스렸던 역대 왕들
가운데 3대 성왕(聖王)에 꼽힌다. 이는 역사를 꿰
뚫어 통치의 지혜를 추출해낸 현자들의 판단이다.

"다윗과 히즈키야와 요시야 말고는 모두가 잘못을 거듭 저질렀
다. 과연 그들이 지극히 높으신 분의 법을 저버렸기에 유다 임금
들이 사라지게 되었다"(집회 49,4).

요시야의 성덕이 얼마나 출중하였으면, 현자들은 미려한 찬사
로 그를 추억하고 있으랴.

"요시야에 대한 기억은 / 향 제조사의 솜씨로 배합된 향과 같다.
/ 그것은 누구의 입에나 꿀처럼 달고 / 주연에서 연주되는 음악과
같다. / 그는 백성을 회개시켜 바르게 이끌었고 / 혐오스러운 악
을 없앴다. / 그는 제 마음을 주님께 바르게 이끌었고 / 무도한 자

들이 살던 시대에 경건함을 / 굳게 지켰다"(집회 49,1-3).

아스라한 '기억'이 '향'이나 '꿀'이나 '음악'에 견줄 수 있다면, 도 대체 그 주인공의 생애는 어떠하였다는 얘기인가? 역사가들은 현 자들의 저 예찬을 이렇게 거든다.

"요시야처럼 모세의 모든 율법에 따라, 마음을 다하고 목숨을 다하고 힘을 다하여 주님께 돌아온 임금은, 그 앞에도 없었고 그 뒤에도 다시 나오지 않았다"(2열왕 23,25; 2역대 34,2 참조).

사족이 필요 없는 최고의 인물평이다. 한 생애를 살고 이런 비 문(碑文)을 얻는다면 무엇이 아쉬우랴.

한마디로 요시야 왕은 이스라엘 역사 기록에서 '개혁'의 아이콘 으로 통한다. 그는 이 개혁에 온 열정을 쏟은 후, 이집트 왕 느코 와 맞서 싸우다가 전사하였다(2역대 35,24 참조). 하느님께서 굳이 원 치 않으신 싸움이었지만, 이를 알아채지 못했던 요시야 왕의 과도 한 '열정'이 초래한 참변이었다.

거침없는 개혁

요시야 왕은 히즈키야 왕의 증손자다. 그 는 55년을 통치한 할아버지 므나쎄 왕과 2년을 통치한 아버지 아몬에 이어, 여덟 살에 임금이 되어 31년간 남왕국 유다를 다스렸다. 그는 통치 8년째 아직 어린 나이에 '다 윗의 하느님'을 찾기 시작하였다. 다윗의 정통신앙을 본받아 오직 야훼 하느님을 향한 전폭적 의탁과 말씀에의 순명을 자신이 추구해야 할 최우선 가치로 삼았던 것이다.

그는 통치 12년째에 이르러, 산당과 아세라 목상과 조각 신상과 주조 신상들을 치우면서 유다와 예루살렘을 본격적으로 정화하기 시작하였다(2역대 34,3-7 참조).

이어서 통치 18년째에 그는 그 마무리로 성전 보수공사에 착수한다. 그 과정에서 대사제 힐키야는 야훼의 성전에서 헌금을 꺼내다가 모세를 통하여 주어진 '율법서'를 발견한다(2역대 34,14 참조). 이 사실은 곧바로 요시야 왕에게 보고되고 그 율법서는 그의 면전에서 낭독된다. 요시야는 그 율법의 말씀을 듣고 자기 옷을 찢는다(2역대 34,19 참조). 왜 그랬을까? 그 율법서에 다음과 같은 말씀이 서슬 퍼렇게 포함되어 있었기 때문이다.

"너희는 너희 주위에 있는 민족들의 신들 가운데 그 어떤 신도 따라가서는 안 된다. 너희 가운데에 계시는 주 너희 하느님은 질투하시는 하느님이시다. 주 너희 하느님의 진노가 너희를 거슬러 타올라, 너희를 저 땅에서 멸망시키시는 일이 없게 하여라"(신명 6,14-15).

요시야 왕은, 이 말씀에 비추어, '현금의 나라꼴'이 '하느님의 진노'를 피할 길이 없음을 직감한다. 그는 인편을 통해 자신의 이 예단이 맞는지를 여예언자 훌다에게 묻게 한다. 돌아온 답변은 과연 예상대로였다.

"이제 내가 이곳과 이곳 주민들에게 재앙을 내리겠다. 그들이 나를 저버리고 다른 신들에게 향을 피워, 자기들 손으로 저지른 그 모든 짓으로 나의 화를 돋우었기 때문이다"(2열왕 22,16-17).

하지만 요시야 자신에게는 보너스 말씀이 주어진다. 말씀 앞에 겸손한 태도를 보인 자신에게는 일말의 자비가 주어져 이 일이 자신의 대(代)에는 일어나지 않을 것이라는 약속이다.

불행 중 다행! 요시야 왕은 감읍하여 개혁에 박차를 가한다. 우선 백성들을 모아놓고 일종의 계약 갱신식을 성대하게 치른다(2열왕 23,2-3 참조). 이어서 곧바로 산당 및 우상 소탕이 대대적으로 이뤄진다. 그리하여 그가 살아 있는 동안 사람들은 자기 선조들의 하느님을 더는 배신하지 않게 된다(2역대 34,33 참조).

나아가 요시야 왕은 '계약의 법전'에 기록된 절기를 꼬박 챙겨서 지키는 전례개혁을 단행한다(2열왕 23,21-23 참조). 그 대표격이 '파스카(과월절) 축제'다. 그는 백성들로 하여금 예루살렘에서 최초로 야훼를 기려 과월절 축제를 지키도록 하였다.

한순간의 기도

바로 앞에서 요시야 왕이 율법서 낭독을 듣고 옷을 찢은 대목을 스치듯 지나쳤다. 다시 그 지점으로 돌아가 보자. 옷을 찢은 것은 분명 기도였다. 백성을 위한 통회와 탄원! 이는 절망의 바닥에서 외쳐진 미련의 절규였다. 그 절망이 얼마나 컸을지는, 동시대의 예언자 예레미야가 전한 말씀이 간접적으로 일러준다.

"이제 내가 그들에게 벗어날 수 없는 재앙을 내리리니, 그들이 나에게 울부짖어도 그 말을 듣지 않을 것이다. 그렇게 되면 유다의 성읍들과 예루살렘 주민들은 자신들이 향을 피우는 신들에게 가서 울부짖겠지만, 그 신들이 재앙의 때에 그들을 구원해 줄 수 없을 것이다. 유다야, 너희 신들이 너희 성읍만큼이나 많고 너희가 우상을 위해 세운 제단, 곧 바알에게 향을 피우려고 세운 제단이 예루살렘 골목만큼이나 많구나! 그러므로 너는 이 백성을 위하여 기도하지 마라. 그들을 위하여 탄원도 기도도 올리지 마라. 그들이 재앙의 때에 나에게 부르짖어도 나는 듣지 않으리라"(예레 11,11-14).

이 말씀을 요시야 왕이 듣지 못했다면, 이는 직무유기다. 몰랐을 리 없는 그는 무슨 기도라도 바쳐야 했다. 그 한순간 그가 바쳤을 기도 소리! 그 편린들은 여전히 남아 우리의 기도가 된다.

^

전언(傳言)으로만 듣고,
사무치게 흠모해왔던
두루마리의 그 말씀,
낭독으로 들으매 이 어인 충격인가!
피가 역류하는 공황에 눈앞이 캄캄해지고
무릎은 수직 강하 절로 굽혀지네.

어이하리,

어이하리,

'축복'이 거꾸러져 '재앙'이 되었구나.

내 아버지 아몬의 2년,

아버지의 아버지 므나쎄의 55년,

그간의 구역질나는 우상놀이와 패륜이

아버지의 아버지의 아버지 히즈키야 대왕(大王)의

태산 같은 공덕을 모래성처럼 허물어버렸구나.

고을마다 굿당,

거리마다 우상,

행색마다 변절자의 꼬라지니,

어찌 피할 수 있으리

어찌 면할 수 있으리,

코앞에 닥친

목숨들의 파국과 내 나라의 수모!

아이고 아이고,

엉엉,

흑흑,

어떻게 울어야 그 노여움을 돌릴 수 있사오리?

묻사오니 답하소서,
히즈키야의 하느님, 다윗의 하느님.
아아, 제가 가슴을 찢사오니
하늘을 찢으시고 유예의 은혜를 베푸소서.
아이고 아이고,
히즈키야의 하느님,
다윗의 하느니―임.

천만다행으로 응답이 내렸다.
"내가 이곳과 이곳 주민들에게 내릴 모든 재앙을 네 눈으로 보지 않게 될 것이다"(2역대 34,28).

이사야 / 시간을 넘나든 예언자

예수님의 십팔번 말씀　　　신약의 복음서에서 가장 많이 인용된 예언서를 꼽으라고 한다면 이사야서가 단연 앞 순위일 것이다.

무엇보다도 먼저, 예수님의 탄생을 예고하는 말씀으로 마태오 복음 초입에서부터 이사야서가 인용되고 있다.

"보아라, 동정녀가 잉태하여 아들을 낳으리니 그 이름을 임마누엘이라고 하리라"(마태 1,23; 이사 7,14 참조).

이는 본디 이사야 예언자가 아하즈 왕에게 내렸던 예언 말씀인데, 동정녀 마리아에 의한 예수님의 잉태를 가리키는 말씀으로 인용된 것이다.

다음으로, 마태오복음은 예수님께서 갈릴래아 지역에서 복음선 포를 시작하셨음을 언급하는 대목에서 이사야서를 인용하고 있다.

"즈불룬 땅과 납탈리 땅 / 바다로 가는 길, 요르단 건너편 / 이 민족들의 갈릴래아, / 어둠 속에 앉아 있는 백성이 / 큰 빛을 보았다. / 죽음의 그림자가 드리운 고장에 앉아 있는 이들에게 / 빛이 떠올랐다"(마태 4,15-16; 이사 8,23-9,1 참조).

또한, 회당에서 이루어진 예수님의 희년선포에서도 이사야서 두루마리가 봉독되었다. 사실상 예수님의 메시아 취임식 일성이라 볼 수 있는 그 말씀은 이렇다.

"주님께서 나에게 기름을 부어 주시니 주 하느님의 영이 내 위에 내리셨다. 주님께서 나를 보내시어 가난한 이들에게 기쁜 소식을 전하고 마음이 부서진 이들을 싸매어 주며 잡혀간 이들에게 해방을, 갇힌 이들에게 석방을 선포하게 하셨다"(이사 61,1; 루카 4,18-19 참조).

어디 그뿐인가. 이사야서 예언의 백미라고 할 수 있는 '주님의 종의 노래'들은 예수님의 십자가 희생으로 구현되는 메시아상을 매우 실감 나게 그려주고 있다. 그 실증은 단 하나의 예문으로 족할 것이다.

"그는 우리의 병고를 메고 갔으며 우리의 고통을 짊어졌다. 그런데 우리는 그를 벌받은 자, 하느님께 매 맞은 자, 천대받은 자로 여겼다. 그러나 그가 찔린 것은 우리의 악행 때문이고 그가 으스러진 것은 우리의 죄악 때문이다. 우리의 평화를 위하여 그가 징벌을 받았고 그의 상처로 우리는 나았다"(이사 53,4-5; 마태 8,17 참조).

이상의 예거만으로도 이사야서의 비중이 성경에서 얼마나 큰지 짐작되고도 남는다.

제1 이사야

이사야서 서문에는 이사야가 우찌야, 요탐, 아하즈, 히즈키야 왕 시대에 활약한 것으로 기술되어 있다. 하지만 학계의 정설을 따르면, 이사야는 혼자가 아니다. 통상 제1 이사야, 제2 이사야, 제3 이사야로 구별한다.

왜 이렇게 복잡하게 보는가. 이유가 있다. 내용과 문체상 1장부터 39장까지 통일된 어조로 기록되다가, 40장부터는 달라진다. 1장부터 39장까지는 주로 "망한다"는 얘기를 하고, 40장부터는 "위로하라, 다시 돌아갈 수 있다, 희망이 있다"와 같은 말씀이 선포된다. 이것으로 이사야서는 한 예언자가 쓴 것이라기보다 결국 한 예언자가 있었고, 이후 그 예언자의 영향을 받은 제자들이 그의 이름으로 그 다음 시대의 예언을 기록했을 것으로 추정한다. 전통적으로 40장부터 55장까지의 저자를 제2 이사야라 하고, 56장부터 66장까지는 먼 미래의 종말론적 희망, 즉 당시 구약의 관점에서는 무척 생경한 신약의 지평을 담고 있기에 제3 이사야라 칭한다.

여기서, 우리의 관심 대상은 제1 이사야다. 그의 신상이 비교적 확실하기 때문이다. 그는 히즈키야 왕을 다룬 앞의 글에서 이미 등장했다. 그는 그 시절 왕의 통치 자문을 맡은 일종의 국사(國師)였다. 히즈키야가 소위 성왕이 될 수 있었던 것은 전적으로 이사야의 영험한 예언과 기도 덕이었다.

그는 야훼 하느님의 뜻을 거스르는 온갖 행태에 대한 현실 비판과 더불어 북왕국 이스라엘의 멸망과 남왕국 유다의 멸망, 그리고 아주 먼 미래에 대한 환시를 전한다. 후세의 현자들은 이 이사야의 공덕을 다음과 같이 기린다.

"이사야 시절에 태양이 거꾸로 돌아 / 임금의 수명이 연장되었다. / 이사야는 위대한 영의 힘으로 마지막 때를 내다보고 / 시온에서 통곡하는 이들을 위로하였다"(집회 48,23-24).

자신의 병이 나을 것이라는 징표를 보여달라는 히즈키야 왕 앞에서, 아하즈의 해시계를 10눈금 뒤로 돌려, 태양을 거꾸로 돌리는 영능을 발휘한 이사야(2열왕 20,11; 이사 38,8 참조)! 그는 오늘도 시간을 넘나들며 '들어도 듣지 못하고 보아도 보지 못하는' 우리에게 메시아의 비밀을 열어준다.

나는 개인적으로 벌써 이사야서 2장에 등장하는 민족들의 구원에 대한 장엄한 메시아 시대의 선언을 좋아한다.

"세월이 흐른 뒤에 이러한 일이 이루어지리라. / 주님의 집에 서 있는 산은 / 모든 산들 위에 굳게 세워지고 / 언덕들보다 높이 솟아오르리라. / 모든 민족들이 그리로 밀려들고 / 수많은 백성들이 모여 오면서 말하리라. / '자, 주님의 산으로 올라가자. / 야곱의 하느님 집으로! / 그러면 그분께서 당신의 길을 우리에게 가르치시어 / 우리가 그분의 길을 걷게 되리라.' 이는 시온에서 가르침이 나오고 / 예루살렘에서 주님의 말씀이 나오기 때문이다"(이사 2,2-3).

얼마나 희망적인 예언인가. 말씀이 토해질 때부터 유구한 세월이 흐른 오늘, 특하나 구약을 훌쩍 넘은 신약의 시대도 어느덧 권태기를 맞이하고 있는 듯한 우리 세대에, 더욱 귀한 위로다.

"큰일 났구나"

일개 범부 이사야는 우찌야 왕이 죽던 해에 예언자로 불리움받는다. 그는 느닷없이 들어 높임을 받아 천상 궁중회의에 참석하게 된다. 그곳에서 그는 천사들의 합창에 압도된다.

"거룩하시다, 거룩하시다, 거룩하시다"(이사 6,3).

당황한 그는 말한다.

"큰일 났구나. 나는 이제 망했다. 나는 입술이 더러운 사람이다. 입술이 더러운 백성 가운데 살면서 임금이신 만군의 주님을 내 눈으로 뵙다니!"(이사 6,5)

그러자 '사랍' 천사들 가운데 하나가 제단에서 타는 숯을 손에 들고 그에게 날아와, 그의 입술을 정화해준다. 그 신령한 은혜에 감복한 그는 마침내 예언직 사명을 자청하게 된다.

"제가 있지 않습니까? 저를 보내십시오"(이사 6,8).

여기서 잠깐! 절대 순수이신 하느님 앞에서 "큰일 났구나!"를 외친 이사야의 고백에서 나는 묵상의 공감대를 만난다.

⌃

나는 입술이 더러운 사람.
입술이 더러운 백성 가운데 살면서,

독설, 욕설, 외설 난무하는 판에서
나 어찌 자유로우리.

만날
뻥 뚫린 귀로 그것들을 무사통과 시키면서
때로는 카타르시스까지 즐기는 나,
어찌 홀로 정(淨)하다 하리.

게다가, 그중
순한 놈은 심심함에 건성으로 흘리되
삐딱한 놈은 매콤한 자극에 깊이 각인해두어,
그놈 잠복기 지나 슬슬 본색을 발하면
간당간당했던 선심마저 무참히 고약해지니,
나 어찌 선량(善良)이라 자신하리.

큰일이로다.
낭패로다.
이 입술을 해가지고
상투스, 상투스, 상투스
거룩하시다, 거룩하시다, 거룩하시다
연신 찬미 받는 주(主) 앞에 서다니.

예레미야1 /슬픔의 예언자

감성 시인   예언 말씀이 대체로 시적이지만, 그중 예레미
야 가슴을 통해 토해진 하느님의 말씀은 더욱
그러하다. 문학적으로 보자면 예레미야는 감성 시인이다. 실감을
위하여 몇 구절만 보자.

"유다가 슬피 울고 그 성읍들이 쇠약해져 간다. 그들이 땅에 쓰
러져 통곡하고 예루살렘이 울부짖는 소리가 높이 오른다"(예레
14,2).

이는 장차 예루살렘에 닥칠 파국에 대한 서술이다. 요컨대 '통
곡이 치솟는다'는 얘기다. 동원된 언어들이 읽는 이들을 이미 고
통의 복판으로 유인하지 않는가. 이는 맛보기일 뿐. 예언 말씀으
로 인해 그가 겪은 고통을 표현하는 대목은 읽는 이의 잠자던 감
성을 흔들어댄다.

"내 심장이 내 안에서 터지고 내 모든 뼈가 떨린다. 나는 술 취한 사람처럼 술에 전 인간처럼 되었으니 이는 주님 때문이요 그분의 거룩한 말씀 때문이다"(예레 23,9).

느낌이 팍팍 온다. 훨씬 더 센 탄식도 있다.

"내 살과 내 살갗을 닳아 없어지게 하시고 내 뼈를 부수시며"(애가 3,4)

읽는 것 자체로 소름이 돋는다. 통곡이 치솟는다, 뼈가 떨린다, 살갗이 마모된다, 뼈가 으스러진다…. 모두가 예레미야가 바라본 현실의 우상놀음과 패역 그리고 그로부터 비롯된 서민들의 생활고, 이런 것들에서 직감되는 미구의 참상에 대한 언어적 반응이다. 그 실체는 물론 안타까움, 슬픔, 연민, 고통 등일 터다.

어쨌건, 예레미야는 이러한 고감도 공감력으로 백성과 하느님 사이를 중재했다. 그는 항시 하느님의 애간장 녹는 연민과 일체감을 느끼든지, 아니면 예언 말씀을 듣는 청중의 처지에 감정이입하여 공명하든지 둘 중 하나였다. 그러기에 이래저래 그는 마음이 심란했다.

고통은 '내' 운명

야훼의 말씀이 예레미야에게 내리기 시작한 것은 아몬의 아들 요시야가 유다 왕이 된 지 13년 만의 일이었다. 그의 활동은 요시야의 아들 여호야킴에 이어, 또 다른 아들 치드키야 통치 11년, 바빌론에 의해 예루살렘이 멸망될 때까지 계속되었다.

히즈키야 왕에게 이사야가 있었다면, 요시야 왕에게는 예레미야가 있었다. 예레미야는 요시야의 종교개혁이 제도 혁신을 기치로 내건 외적 개혁에만 머무르지 않도록, 내적 쇄신의 가이드라인을 야훼 하느님의 이름으로 제시하였다.

"너희 길과 너희 행실을 고쳐라. 그러면 내가 너희를 이곳에 살게 하겠다. '이는 주님의 성전, 주님의 성전, 주님의 성전이다!' 하는 거짓된 말을 믿지 마라"(예레 7,3-4).

요시야 왕이 그토록 공을 들였던 성전 정화, 전례의 정상화 등만 가지고는 부족하다는 뜻이다. 마음의 회개가 먼저라는 것. 그리하여 생각의 '길'과 '행실'을 뜯어고치는 내적 변화가 선행되어야 한다는 것이다. 그럴 때 비로소 전례 및 제도 개혁이 온전한 결실을 보게 된다는 역설(力說)이다.

그렇다면 어떻게 해야 죄스러운 인간이 내면에서부터 새로워질 수 있는가? 이는 추상적인 답변을 거부하는 물음이다. 오직 구체적인 대안만이 실효성을 지닌다. 그러기에 그의 예언 말씀은 뭉뚱그려 선포되지 않고 사회 모든 부류, 각계각층의 사람들을 맞춤으로 겨냥한다. 그는 '돌직구'로 말할 권위를 이미 예언 초기에 부여받았다.

"이제 내가 너의 입에 **내 말**을 담아 준다. / 보라, 내가 오늘 민족들과 왕국들을 너에게 맡기니, / **뽑고 허물고** / **없애고 부수며** / **세우고 심으려는 것이다**"(예레 1,9-10).

예레미야가 말하는 대로 흥망이 결정된다는 약속! 하지만 아무리 옳은 말도 듣는 이 입장에서는 거북할 따름. 그가 앞날을 멀리 보아 남들 다 "잘된다"고 할 때 "이러다가 망한다"고 이야기하고, 남들 다 "죽겠다"고 할 때 "살길이 있다"라고 청개구리처럼 말하니, 누가 반기겠는가.

그로 인해 그는 숱한 고통을 겪는다. 온갖 비방과 혹평(예레 12,6 참조), 함구령(예레 11,21 참조), 체포 및 가택연금(예레 26,8; 38,6 참조), 고문(예레 37,15 참조), 심지어 진흙 구덩이 생매장(예레 18,22 참조) 등 말 그대로 '모진' 고생이다. 박해자는 왕, 고관대작, 사제, 백성, 친척과 동향인 등 가릴 것 없다.

그 시달림이 얼마나 고역이었으면 입술에 항시 '레마?(어찌하여?)'라는 물음을 달고 다녔을까. 원망의 절정은 태어난 날을 성토하는 대목이다.

"저주를 받아라, / 내가 태어난 날! 복을 받지 마라, 어머니가 나를 낳은 날! / […] 어찌하여 내가 모태에서 나와 / 고난과 슬픔을 겪으며 / 내 일생을 수치 속에서 마감해야 하는가?"(예레 20,14.18)

그러나! 예레미야는 절망의 유혹에 굴복하지 않았다. 그는 끝까지 견뎌냈다. 그때그때 하느님의 응원이 그와 동행했기 때문이다.

불가항력   그의 예언 활동이 중기를 지나고 있을 무렵, 예레미야는 심한 의기소침에 떨어진다. 방금 언급했듯이 말씀을 전하면 되돌아오는 것이 굴욕적인 박해였으니, 심사가 괴로울 만도 했다. 그리하여 그는 마음으로 수백 번, 수천 번 예언 활동을 접는다. 그러나 번번이 실패!

"'그분을 기억하지 않고 더 이상 그분의 이름으로 말하지 않으리라.' 작정하여도 뼛속에 가두어 둔 주님 말씀이 심장 속에서 불처럼 타오르니 제가 그것을 간직하기에 지쳐 더 이상 견뎌 내지 못하겠습니다"(예레 20,9).

이 불가항력은 예레미야 자신의 것만이 아니다. 이 시대 남은 자, 뜨거운 가슴들의 몫이기도 하다.

⌄

수만 번, 아니 무수히
접었었지.
'그분을 기억하지 않고 더 이상 그분의 이름으로 말하지
않으리라.'
작심했었지.
"북에서 오랑캐가 쳐들어온다.
야훼 하느님께서 예루살렘의 운명을
흉포한 바빌론 네부카드네자르의 손에 맡기셨다.
필연이다, 슬퍼하지도 울지도 기도하지도 말라"라고

야훼의 이름으로 선포하면
저마다 머리에 재를 뿌리고 가슴을 찢을 줄 예기했건만,
되돌아온 것은 육두문자에 차꼬에 진흙 구덩이 생매장!
그래, 역류하는 피가 '저항가'를 불러댔지.
"그래, 그분을 기억하지 않으리라.
그래, 더 이상 그분의 이름으로 말하지 않으리라.
그래, 이 결정에 번복은 없다."

그 노래 밤낮으로 불러대도,
나의 음모는 번번이 실패!
뼛속에 가두어둔 주님의 말씀이 심장 속에서 불처럼 타
오르니,
불가항력, 아— 어쩔 수가 없어.
저 어둠 골에 유폐하고 덮어두고 눌러둔 그 말씀,
스스로 발화하여 작열하니 심장이 달궈져 통제 불가.
장작불 같은 진노에
용암 같은 자비가 덮쳐
하릴없이 사명이 용약하누나.

이 몇 번째 '다시'인가.
"나, 그것을 간직하기에 지쳐
더 이상 견뎌내지 못하나이다.

나 무슨 강단으로 끝까지 저항하리오.
나 무슨 명분으로 거부하리오."
이판사판!
말씀을 전하고 청중에게 맞아 죽나
복지부동하다 말씀에 데어 죽나, 마찬가지.
기왕 선포할 바에야, 내친김에
불같이
미친 듯이
신명 나게.
다시, 아무 일 없었던 듯이.

예레미야2 /신약(새 계약)의 효시

새 계약　예레미야 예언자의 독보성은 그가 신약, 곧 '새 계약' 시대의 도래를 일찌감치 예언했다는 사실에 있다. 그는 예루살렘의 멸망을 예고함과 동시에 70년 귀양살이 후 예루살렘에 찾아올 새 영광에 대해서도 다채롭게 예언한다. 바로 그 맥락에서 예레미야는 '새 계약'에 대한 거시적 계획을 하느님의 이름으로 선포한다. 이는 구약 시대에 발설된 예언 메시지의 백미라 할 수 있다. 본문은 이렇다.

"보라, 그날이 온다. 주님의 말씀이다. 그때에 나는 이스라엘 집안과 유다 집안과 **새 계약**을 맺겠다. 그것은 내가 그 조상들의 손을 잡고 이집트 땅에서 이끌고 나올 때에 그들과 맺었던 계약과는 다르다. 그들은 내가 저희 남편인데도 내 계약을 깨뜨렸다. 주님의 말씀이다. 그 시대가 지난 뒤에 내가 이스라엘 집안과 맺어 줄 계약은 이러하다. 주님의 말씀이다. **나는 그들의 가슴에 내 법을 넣어 주고, 그들의 마음에 그 법을 새겨 주겠다. 그리하여 나는 그들의 하느님이 되고 그들은 나의 백성이 될 것이다. 그때에는 더 이상 아무도 자기 이웃에게, 아무도 자기 형제에게 '주님을 알아라.' 하고 가르치지 않을 것이다**"(예레 31,31-34).

예언 말씀의 요지는 "조상들이 옛 계약을 깨뜨렸다. 그래서 새 계약을 맺겠다"는 것이다. 여기서 옛 계약은 돌판에 새겨진 계약, 곧 십계명 판으로 맺은 계약이다. 그러기에 이스라엘 백성은 그것을 깼다가 그토록 혼쭐이 나고도 또 깨뜨리는 답답한 짓을 반복하였다. 법이 '돌판'에, 곧 우리 바깥에 있었기 때문에 "우리가 왜 이것을 지켜야 하는가?"를 이해하지 못했던 것이다.

그런데 새 계약이 맺어지면 어떻게 되는가? 법을 '돌판'이 아니라, '마음'에 새겨주신다고 하셨다. 이는 나중에 신약 시대에 와서 실제로 성령 강림 사건을 통하여 완전히 이루어졌다. 그리하여 "그때에는 더 이상 아무도 자기 이웃이나 형제에게 '주님을 알아라' 하고 가르치지 않아도 된다"는 말씀도 성취되었다. 참으로 놀랍고 신나는 사실이다.

결과론적인 얘기지만, 예수님께서는 이 '새 계약'을 오늘날 미사의 원형인 성목요일 성찬례라는 형식을 통해서 맺으셨다.

"이 잔은 내 피로 맺는 **새 계약**이다. 너희는 이 잔을 마실 때마다 나를 기억하여 이를 행하여라"(1코린 11,25).

이로써 예레미야 예언자가 선포한 예언 말씀이 약 600년 후에 글자 그대로 성취되었다. 그리고 그가 처음으로 언급한 '신약(새 계약)'이라는 용어는 그리스도교의 핵심 개념이 되었다. 이런 까닭에 그는 이사야, 에제키엘과 함께 '대예언자'라 불리는 것이다.

레캅인　구약이든 신약이든, 중요한 것은 상호 간에 그 계약을 지키는 것이다. 이와 관련하여 예레미야서는 매우 아름다운 이야기 하나를 전한다. 바로 '레캅인들'과 관련된 에피소드(예레 35장 참조)다.

이야기의 전말은 이렇다. 요시야의 아들 여호야킴이 다스리던 때에, 하느님께서 예레미야에게 '레캅 집안' 사람들을 주님의 집으로 불러다가 포도주 대접을 하도록 명하신다. 예레미야는 분부대로 행한다. 그러자 그들은 모두 정중히 사양하면서 이렇게 말한다.

"우리는 포도주를 마시지 않습니다. 〔…〕 우리는 우리 조상 레캅의 아들 여호나답께서 우리에게 명령하신 모든 말씀에 순종하여, 우리 자신과 아내와 아들딸들이 평생 포도주를 마시지 않습니다"(예레 35,6-8).

이는 일종의 '나지르인 서원'(민수 6,2-3 참조)과 유사한 가족 서원이라 할 수 있다. 놀라운 점은 후손들이 조상의 뜻을 받들어 단 한 사람의 예외도 없이 철저히 실행했다는 사실이다. 하느님께서는 이에 크게 감동하시어 이를 당신의 예언 메시지를 전하는 데에 탁월한 상징으로 삼으셨다. 그리하여 이스라엘 백성들을 겨냥하여 이런 예언 말씀을 내리신다.

"레캅의 아들 여호나답의 자손들은 **자기네 조상들이 내린 명령**을 지켰지만, 이 백성은 **나에게** 순종하지 않았다"(예레 35,16).

반면, 레캅인들에게는 축복의 말씀이 내려진다.

"레캅의 아들 여호나답에게서 **언제나 내 앞에 서 있을 자가 끊어지지 않을 것이다**"(예레 35,19).

여기서 "내 앞에 서 있을 자"는 하느님을 가까이 섬기며 축복을 누리는 사람을 가리킨다. 하느님께서 얼마나 흡족하셨으면 이런 선언이 내려졌을까. 이 예언 말씀을 전한 예레미야 예언자의 심중에는 어떤 감흥이 일었을까. 아마도 찰나적이지만 이런 깨달음의 탄성으로써 기도를 갈음하지 않았을까.

꼭

천 년의 전설이 될지어다, 레캅인의 미담.

"들어는 보았는가.

레캅이라 불리는 이의 아들이 하늘 사랑에 벅차,

온 가족을 불러놓고 '평생 포도주를 마시지 말라' 했대,

'그러면 하늘 복 받는다' 했대.

그랬더니 그 아들의 아들의 손자의 손자의

사돈의 팔촌까지

듣는 이 족족 곧이곧대로 따랐대.
그랬더니 하늘이 감동했대.
그래서 하늘의 은택으로 잘 먹고 잘 살았대."

"그런 법이 어딨어, 난 동의 못 해!
그건 옛적 그분 이야기고, 오늘 우린 달라!
뭐가 문제야, 이건 단지 다들 마시는 음료수일 뿐인데!
무의미한 것에 목숨 걸 일은 아니지."
거부의 명분은 수두룩하건만,
어쩌자고 저 맹꽁이들은
한낱 사람의 말을 '절대'로 받들어 모신 것일까.
세상 어느 천지에 저런 어리석음이 또 있을까.

하늘의 절대명령도 귓등으로 들어 흘리고,
케 세라 세라(que sera, sera), 될 대로 되라
흥얼대기 일쑤인 마당에,
저네들은 기어코 경탄이로다, 충격이로다, 깨우침이로다.

오호라,
배후를 봤던 것이로구나.
그 인간적 권고에 숨겨진 신적 권위를 직감했던
것이로구나.

그리하여 약속된 대박 천복(天福)을 받아냈던 것이로구나.
그리하여 자손 대대 천 년을 위한, 황금 같은 가르침인
것이로구나.

사람에게서 발해진 것이건 하느님에게서 비롯된 것이건,
계명이건 규정이건 법규건(신명 4,1-4 참조)
그것이 우리의 영원한 동경(憧憬)을 지향하는 한,
그 준행은 우리의 외통수 선택!
할렐루야, 아멘. 그렇고말고.

≫

에제키엘 /유배지의 예언자

크바르 강가에 내린 말씀 "여호야킨 임금의 유배 제오
년에, 주님의 말씀이 칼데아
인들의 땅 크바르 강가에 있는, 부즈의 아들 에제키엘 사제에게
내렸다"(에제 1,2-3 참조).

에제키엘은 특이하게 바빌론 유배지에서 예언 말씀을 받았다.
여호야킨 임금의 유배 제오년! 이 해는 정확히 기원전 593년에 해
당한다. 시대적 정황 인식을 위해 바빌론 왕 네부카드네자르에 의
한 예루살렘 침공 과정을 요약해보자면 이렇다.

때는 기원전 722년 북왕국 이스라엘이 아시리아에 의해 함락되
고서 어언 100여 년이 흐른 뒤. 남은 반쪽인 유다왕국은 기원전
605년 여호야킴 왕 통치 시절, 당시 최강국 바빌론의 네부카드네

자르 왕으로부터 첫 번째 침공을 받는다. 두 번째 침공은 598년에 일어나는데, 바빌론군은 어린 여호야킨 왕과 함께 다방면의 인재들을 본국으로 끌고 간다.

사제였던 에제키엘도 그들 무리에 끼여 유배 신세가 된다. 그로부터 5년 후 예언 말씀이 내린 것이다.

예루살렘 성의 완전 함락은 587년 세 번째 침공을 통해 이루어진다. 빌미를 제공한 것은 치드키야 왕이었다. 그는 이집트를 끌어들여서 바빌론을 치려 했다. 이에 화가 난 네부카드네자르가 예루살렘을 초토화시켰다. 치드키야는 자식들이 다 죽임을 당하는 꼴을 코앞에서 보아야 하는 수모를 당하고, 본인도 두 눈이 빠진 채 유배지로 끌려가게 된다.

에제키엘이 초창기에 받은 예언은 주로 '세 번째' 침공을 예고하는 내용이었다. 그는 유배지의 이스라엘 백성에게 저 엄중한 심판의 까닭, 과정, 결과에 대해서 실감을 돋우는 문체로 주님의 말씀을 전했다.

이 시기에 고국 유다 땅에서는 선배급인 예레미야가 거의 동일한 내용의 예언 말씀을 쏟아내는 중이었다. 그런데 예레미야는 무화과 두 광주리 환시와 함께 매우 의미심장한 말씀을 받았다(예레 24장 참조). 즉, 바빌론으로 끌려간 이들은 '잘 익은 무화과'로 비유될 만한 사람들로서 장차 유배지에서 특별보호를 받다가 다시 귀향길에 오르게 될 것이로되, 고국에 머물게 된 이들은 '불량 무화과'와 흡사한 사람들로서 향후 여러 민족에 의해 비웃음과 저주의 대상이 될 것이라는 말씀이었다.

바로 이 대목에서 에제키엘의 존재의미가 부각된다. 하느님께서는 유배지의 백성, 곧 이스라엘 민족의 '희망 종자(種子)'로 뽑혀 끌려온 인재들에게 각성, 양육, 비전을 촉진하기 위해 별도로 에제키엘을 세우셨던 것이다.

새 마음   사실 해외파 에제키엘이 전한 말씀은 국내파 예레미야가 전한 말씀과 내용상으로 통한다. 그렇지 않다면 외려 그것이 문제다.

그 대표적인 예가 '새 마음'에 관한 것이다. 에제키엘은 예레미야의 '새 계약'과 한 맥락을 이루는 '새 마음'의 희망을 제시한다.

"너희에게 **새 마음**을 주고 너희 안에 **새 영**을 넣어 주겠다. 너희 몸에서 **돌로 된 마음**을 치우고, **살로 된 마음**을 넣어 주겠다. 나는 또 너희 안에 **내 영**을 넣어 주어, **너희가 나의 규정들을 따르고 나의 법규들을 준수하여 지키게 하겠다**"(에제 36,26-27).

이 말씀의 일차적 청자는 유배지의 인재 그룹이다. 본문을 따르면, 주님께서 주시는 '새 영'이 우리 안에 부어지면 돌로 된 마음이 치워지고 살로 된 '새 마음'이 생겨, 다시 율법의 '규정'과 '법규'

들을 지킬 수 있게 된다. 이는 예레미야가 선포한 '새 계약'의 내용(앞의 글 참조)과 거의 합치되는 예언이다. 요컨대, 둘은 한 짝을 이룬다. '새 계약'의 내용은 '새 마음'의 세부 내용으로 더욱 실제화되고, '새 마음'의 취지는 '새 계약'을 전제로 할 때 더욱 잘 수긍되는 것이다.

유배지 하느님 백성들이 이스라엘의 실효적 '미래'여서 그랬는지는 몰라도, 에제키엘은 활약 후기로 갈수록 묵시문학적 예언으로 경도된다. 즉, 그는 희망을 현실의 변혁보다 하느님 주도적 미래의 도래에 둔다. 그러기에 에제키엘서 40장부터 등장하는 '새 성전'에 대한 환시와 말씀, 그리고 이와 관련한 전례 및 사제생활 규정 등은 역사 현실에서는 극미하게 구현되었을 뿐이고 그 완성은 예수 그리스도에게로 유보되었던 것이다.

몸소 나서리라

오늘 이 시대 관점에서 읽었을 때, 에제키엘서의 예언 말씀 중 특히 우리 가슴을 때리는 대목은 '양 떼'에 대한 탄식과 '목자'에 대한 맹타다. 주로 목자들의 태만과 직무유기를 질타하는 34장의 말씀은 매섭다. 그중 한 구절.

"산마다, 높은 언덕마다 내 양 떼가 길을 잃고 헤매었다. 내 양 떼가 온 세상에 흩어졌는데, 찾아보는 자도 없고 찾아오는 자도 없다"(에제 34,6).

이렇게 운을 뗀 개탄은 점점 고조되어 절정으로 치닫는다.

이 말씀을 전한 에제키엘이 타임머신을 타고 이 시대에 나타난 다면, 하여 지구촌 전 교회를 일주한다면, 과연 그의 입에서는 어떤 말이 튀어나올까. 지그시 눈을 감고 공감해본다.

ᐱ

텅 빈 수도원
한적한 제단
녹슨 성당 종소리
….
믿음의 폐허에
사쿠라(거짓) 봄이 찾아왔구나.

수도원이 풍광을 팔아 고급호텔로
제단이 운치를 팔아 품격 호프집으로
종탑이 유서(遺緒)를 팔아 관광명소로
개조되더니
초과 호황을 맞아
타지 길손들로 북적거리는구나.

어디 갔느냐.
새벽부터 벌 떼처럼 바지런하던 수도자들,

로마군단을 방불케 하던 교계 사제단들,
종소리에 맞추어 어김없이 삼종 기도 올리던 내 백성들….
대체 다들 어디 갔느냐.

슬픔이 북받쳐 말문이 막히네.
못 본 체하자니 망측한 꼴들에
굳게 감긴 두 눈은 그만 투명창이 되어버리네.

수도자들, 목자들, 목자 까무리들은
진즉 세속 재미를 좇아 뿔뿔이 흩어졌고,
일찍이 맡겨놓은 내 새끼들은 뱃속 공허를 채우려
저마다 무리를 떠나 헛군데를 기웃거리는구나.
점집, 명상센터, 마음수련, 사이비종교, 뉴에이지 할 것 없이
'짝퉁' 신당(神堂)마다 내 짝사랑 내 백성들로 바글거리고,
내 딸 내 아들들이 '힐링'을 팔아먹는 장사치들 뒤꽁무니를
졸졸
따라다니는구나.
모두 "흩어진 채 온갖 들짐승의 먹이가 되었"구나(에제 34,5).
'강도들'(요한 10,1 참조)에 미혹되어 죽음의 길로 치닫는구나.

청승 끝! 나의 애통은 여기까지.
더 두고 볼 수 없어, 내가 몸소 나서리라.

나, 몸소 내 양 떼를 먹이리라.

나, 몸소 그들에게 안식 주리라.

"잃어버린 양은 찾아내고 흩어진 양은 도로 데려오며,

부러진 양은 싸매 주고 아픈 것은 원기를 북돋아" 주리라

(에제 34,16).

이는 나의 말이라 어김이 없다.

언제? 어떻게? 하늘 아버지만이 아시는 비밀이겠지만, 각자 불린 소명과 열정만큼의 몫들이 배당될 것임은 예감해야 하리라.

회복을 향하며

다니엘
키루스 왕
하까이
느헤미야
에즈라 대사제
토빗
에스테르
말라키

다니엘 / 명재상

하늘이 내린 영재의 떡잎   다니엘은 바빌론 유배지에서 활약한 하느님의 사람이었다. 하지만 다니엘서에 담겨 있는 예언 말씀의 전망은 훨씬 후대의 시대적 정황에 부합하기에 어떤 성경학자들은 그가 활약한 시기에 대해 물음표를 던지기도 한다. 그만큼 시대를 뛰어넘는 메시지를 전했기에 야기된 논란이 아닌가 싶다.

다니엘은 바빌론 궁중 영재학교 출신이다. 바빌론 왕 네부카드네자르는 무슨 영감을 받았던지 끌려온 이스라엘인 왕족과 귀족 가운데서 네 명을 따로 뽑아 재사로 키우도록 명을 내린다. 그들 중 다니엘이 끼어 있었다. 궁중에서 다니엘은 '벨트사차르'라는 이름으로 개명된다. 말하자면 창씨개명이 된 것인데, 이로써 그와 동료들의 '하느님 백성'으로서 민족적 정체성을 바꾸는 것은 역부족이었다. 이는 유다인 율법이 금하는 육류와 술 등을 제공하는 궁중 식단을 거부한 데에서 나타났다. 다니엘은 자기들을 맡은 감독관에게 다음과 같이 제안한다.

"부디 이 종들을 열흘 동안만 시험해 보십시오. 저희에게 채소를 주어 먹게 하시고 또 물만 마시게 해 주십시오. 그런 뒤에 궁중 음식을 먹는 젊은이들과 저희의 용모를 비교해 보시고, 이 종들을 좋으실 대로 하십시오"(다니 1,12-13).

열흘이 지나 보니 궁중 음식을 먹은 여느 젊은이보다 그들의 용모가 더 좋고 살도 더 올라 있었다. 그리하여 그들은 신앙적 정조를 고스란히 지킬 수 있었다. 어린 나이가 보여줄 수 있는 신앙치고는 빼어남을 넘어 독보적 경지라 할 수 있음에, 경탄을 금치 못할 뿐이다. 하늘이 움 틔운 떡잎들의 기염이라 할까.

네 왕조를 섬긴 대쪽 재사

저렇게 궁중에서 양성된 유다인 인재들은 '지혜나 예지'에 관하여 어떠한 것을 물어보아도 "온 나라의 어느 요술사나 주술사보다 열 배나 더 낫다"(다니 1,20)는 사실을 왕에게 인정받았다. 네부카드네자르는 즉시 그들을 측근으로 기용하였다.

그중 출중한 재사가 다니엘이었다. 다니엘은 왕들이 꾼 난해한 꿈을 풀이하는 데 영험한 직관을 뽐냈다. 그 꿈들은 대부분 짧고 먼 미래에 전개될 국제적 패권 다툼에 관한 것들이었는데, 천하의 어떤 현자도 풀지 못하는 것을 다니엘은 직통 계시를 받아 거뜬히 해석해냈다. 이에 왕들은 그를 2인자 자리에 앉혀 책사 임무를 맡게 했다.

이렇게 하여 그가 직접 섬긴 왕은 넷이요 왕조는 셋. 바빌론 제국의 네부카드네자르와 그의 아들 벨사차르, 이어 바빌론을 장악한 메디아 왕조의 다리우스와 페르시아 왕조의 키루스, 이렇게 3왕조 4왕! 이들을 얼마나 잘 모셨으면 다니엘에게 "임금의 벗"(다니 14,2)이라는 칭송이 따라다녔을까.

이런 특은은 다니엘 자신을 위한 것이 아니었다. 하느님께서는 다니엘에게 내린 불세출의 지혜를 통하여 고대 근동 왕들에게 당신의 존재와 영광을 유감없이 드러내셨다. 그리하여 적어도 다니엘을 곁에 두고 있는 동안에는 그들도 이스라엘 백성이 믿는 '유일신 야훼'를 믿었다.

하지만 어디서든 반대자들의 모략과 박해는 있는 법. 이방 신들과 우상숭배에 관련된, 정적들의 음해는 끊이지 않았다. 우상숭배 종용 악법, 모략, 사자굴 등의 벼랑길을 다니엘은 운명으로 감내해야 했다. 목숨이 날아갈 위기 때마다 그는 대쪽 신앙으로 담대하게 버텨 말 그대로 '천우신조'의 반전을 이뤄냈다.

예언에서 묵시로

역사의 판이 커짐과 동시에 그리고 이민족의 압제가 장기화될수록, '예언'은

'묵시'로 바뀌게 된다. 즉 구체적인 말씀으로 내려지던 메시지가 점점 해석이 난해한 환시로 바뀌게 된다. 상징들이 많이 등장하고 역사를 바라보는 호흡도 매우 길어진다. 천지개벽 차원의 일들이 일어날 무대는 이제 더는 이스라엘 국내가 아니라 여러 민족이 교대로 패권을 장악하던 근동 및 유럽이다. 이런 판도에서 제시되는 희망은 한 단어로 '메시아'에 초점이 있다. 초강대국들의 틈바구니에서 이리 치이고 저리 치이는 하느님 백성을 궁극적으로 구원할 인물은 천하 권력을 제패할 권능을 지닌 '메시아'밖에는 없다는 것이다.

저런 묵시적 희망의 실마리를 에제키엘이 뜬금없이 전했음에 대하여 바로 앞 글에서 언급한 바 있다. 이 장의 주인공 다니엘은 그 절정을 드러낸다. 바로 우리에게 잘 알려진 '인자'에 대한 환시다.

"내가 이렇게 밤의 환시 속에서 앞을 보고 있는데 **사람의 아들** 같은 이가 하늘의 구름을 타고 나타나 연로하신 분께 가자 그분 앞으로 인도되었다. 그에게 **통치권**과 **영광**과 **나라**가 주어져 모든 민족들과 나라들, 언어가 다른 모든 사람들이 그를 섬기게 되었다. 그의 통치는 영원한 통치로서 사라지지 않고 그의 나라는 멸망하지 않는다"(다니 7,13-14).

여기서 '영원한 나라'는 바로 하느님 나라를 말하며 '사람의 아들', 곧 인자(人子)는 예수님을 지칭한다. 예수님 당신이 스스로를 가끔 '사람의 아들'이라 부른 사실을 기억할 일이다. 그럼으로써 예수님께서는 "내가 다니엘서에 나오는 바로 그 '사람의 아들'이야"라고 말씀하신 셈이다. 이 묵시적 예언의 핵심은 "그에게 통치권과 영광과 나라가 주어져 모든 민족들과 나라들, 언어가 다른 모든 사람들이 그를 섬기게 되었다"는 사실이다. 잇따른 '영원한 통치'와 '멸망하지 않는' 나라라는 자구는 우리네 영적 희망의 박동을 쿵쾅거리게 한다. 이 말씀은 우리 귓전에만 익숙할 뿐, 사실적으로는 전혀 낯선 지대다.

이 묵시를 전한 다니엘은 기원전 7세기 인물이다. 그로부터 600여 년 후 이 말씀은 글자 그대로 이루어졌다. 그리고 또 2,000여 년이 흘렀다. 오늘 우리는 우리가 믿는 예수 그리스도가 바로 저 '사람의 아들'임을 실감 나게 고백하고 있는지 성찰하게 된다. 다소 곳이 촉을 열고 그 시절 예수님 몸소 발설하신 음성의 파동 속에 서려 있는 의미를 채집하여본다.

⌃

살고 싶으냐? 생명을 주마.
이기고 싶으냐? 승리를 주마.
힘을 갖고 싶으냐? 권세를 주마.
나는 '사람의 아들',
천상천하의 영원한 '통치권'이 내게 있다!
생사, 화복, 흥망이 내 손에 달렸으며
권력, 재력, 언력이 내 소관이다.

너 정녕 내게만 무릎 꿇으면,
나 너를 꽉꽉 밀어주리라.

인정받고 싶으냐? 존경을 받으리라.
공을 쌓고 싶으냐? 사명을 얻으리라.
이름을 날리고 싶으냐? 명예를 득하리라.
나는 '사람의 아들',
세상 모든 '영광'의 블랙홀이다!
내 사랑으로 이룬 놀라운 구원 업적
마땅히 찬미, 찬양, 감사 깜이다.
너 진정 터럭만 한 '영광' 까지 내게 돌리면,
네 입술이 만날 "할렐루야, 아멘!" 을 노래하리라.

행복하고 싶으냐? 여기 낙원이 있다.
평화롭고 싶으냐? 여기 무릉도원 둥지가 있다.
정의를 누리고 싶으냐? 여기 유토피아가 있다.
나는 '사람의 아들',
하느님 '나라' 를 세세로 다스리는 왕이다!
더는 눈물도, 슬픔도, 고통도, 죽음도
없는 나라.
너 만일 나를 '왕 중의 왕' 으로 알아 모시면,
뽑힌 백성으로 환희에 들리라.

키루스 왕 /깜짝 캐스팅

슬픔의 노래　　　앞의 글들에서, 뽑힌 이스라엘 인재들의 바
　　　　　　　　빌론 유배에 대해서 누차 언급하였다.

　패자의 수모와 생활고 역시 만만치 않았겠지만, 짐작건대 그들
을 가장 괴롭힌 것은 '버림받은 자'의 절망이었을 터다. 아무리 돌
이켜 생각해봐도 '예루살렘'이 멸망했다는 것은 있을 수 없는 일이
었다. 이스라엘 백성들은 예루살렘 불패신앙을 가지고 있었다. 여
기에는 두 가지 부동의 근거가 있었다.

　첫째는 "네 왕좌가 영원하리라"(2사무 7,16 참조)라고 다윗 왕가에
주신 약속, 둘째는 "내 이름을 거기에 두겠다. 내 눈도 거기에 두
겠다. 내 마음도 거기에 두겠다. 거기 내가 있겠다"(1열왕 9,3 참조)
라고 예루살렘 성전에 두고 내리신 약속이었다.

　그런데 왕조가 끝장나고 성전이 허물어졌다! 이만저만한 충격

이 아니었다. 그렇다고 그 까닭을 모를 그들이 아니었다. 이스라엘 백성은 이집트에서 나오면서 시나이 산에서 하느님과 계약을 맺었었다.

"너희가 이 법을 지키면 나는 너희의 하느님이 되고, 너희는 나의 백성이 되리라"(탈출 19,5-6 참조).

바로 이 계약이 깨진 것이었다. 성찰해보니 하느님께서 '계약'을 파기할 만도 하셨다. 아니, 계약을 깬 것은 이스라엘 백성이었다. 율법의 첫 계명을 깨고 온 이스라엘이 우상숭배에 빠졌던 것이다. 그리하여 버림받은 꼴이 되어버린 이스라엘. 이보다 더 큰 절망이 어디 있겠는가.

고국에 남아 있건 바빌론에 끌려갔건, 이 절망은 눈물이 되었다. 예레미야의 '애가'는 그 눈물방울의 집적이다.

"내 눈은 쉬지 않고 눈물을 흘리며 멈출 줄을 모르네"(애가 3,49).

하지만 어떤 비탄에서도 우리가 붙잡고 매달릴 한 가닥 희망이 있다. 그것은 주님의 자애다.

"주님의 자애는 다함이 없고 그분의 자비는 끝이 없어 아침마다 새롭다네. 당신의 신의는 크기도 합니다"(애가 3,22-23).

우리가 막다른 골목에 이르렀을 때, 더는 할 말도 없고 기도도 막히는 그 순간에, 우리가 움켜잡을 것은 오직 주님의 '끝없는 자애'뿐이다.

70년 복역 기간이 차고

하느님 사람의 시계는 세상의 시계와 엇박자로 돈다. 세상이 태평세월을 구가할 때는 뜬금없이 심판을 예고한다. 세상이 절망에 빠져 있을 때는 희망을 선포한다. 깨진 계약, 그리하여 초래된 왕조의 몰락과 예루살렘 성전의 함락 그리고 유배. 이 파국의 상황에서 예언자들이 전한 하느님의 메시지는 '희망' 일색이었다.

희망의 근거로서 예레미야는 '새 계약'(예레 31,31-34), 에제키엘은 '새 마음'(에제 36,26-28)을 내세웠음을 앞의 글들에서 확인했다. 제2 이사야(원조 이사야의 제자급)는 '새 창조'를 내세운다.

이스라엘 민족에게 바빌론 유배는 확실히 자신들의 반역에 대한 하느님의 징벌이었으며, 자신들의 죄를 씻기 위하여 치러야 했던 복역 기간이었다. 제2 이사야는 이런 배경에서 그 종료를 선포한다.

"예루살렘에게 다정히 말하여라. 이제 복역 기간이 끝나고 죗값이 치러졌으며 자기의 모든 죄악에 대하여 주님 손에서 갑절의 벌을 받았다고 외쳐라"(이사 40,2).

정확을 기하자면 복역 기간은 70년이다. 이는 예레미야에게 알려준 기간이었다.

"주님께서 이렇게 말씀하신다. '너희가 바빌론에서 일흔 해를 다 채우면 내가 너희를 찾아, 너희를 이곳에 다시 데려오리라는 은혜로운 나의 약속을 너희에게 이루어 주겠다'"(예레 29,10).

제2 이사야는 "바야흐로 이 기간이 채워졌다"고 선언한 셈이었다. 이어, 그는 창조주 하느님께서 새 역사를 창조하실 것임을 선포한다.

"너의 구원자이신 주님, 너를 모태에서부터 **빚어 만드신 분**께서 이렇게 말씀하신다. '나는 주님, 모든 것을 **만든 이**다. 나는 혼자서 하늘을 펼치고 나 홀로 땅을 넓혔다. 〔…〕 나는 키루스에 대하여 말한다. '그는 나의 목자. 그가 나의 뜻을 모두 성취시키며 예루살렘을 두고 '그것은 **재건**되고 성전은 **그 기초가 세워지리라.**' 하고 말하리라.'.' 〔…〕 나는 빛을 **만드는 이**요 어둠을 **창조하는 이**다. 나는 행복을 주는 이요 불행을 일으키는 이다"(이사 44,24.28; 45,7).

굵은 글자체에 주목하여 읽으면 '창조'의 주님이 '희망'의 근거임을 금세 직감하게 된다. 예언이 그렇듯이 이 말씀은 사후 기록이 아니라 사건에 앞서 내린 예고다. 그러기에 '희망'이 되는 것이다. 어쨌든, 요지는 '창조주' 하느님께서 절단난 70년 역사의 질곡을 뒤집을 '새 역사'를 창조하신다는 말씀이다.

이를 위해 하느님께서 기발하게 등장시킨 인물이 바로 키루스 왕이었다.

키루스 칙령

바빌론에 포로로 잡혀 온 이스라엘 백성들의 귀향을 법적으로 보장해준 것은 '키루스 칙령'이었다. 이는 기원전 538년에 반포되었다. 1차 유배가 기원전 605년에 시작되었으니 기원전 538년은, 이동 및 정착 과정의 시간 손실을 고려하여 계산하면, 정확히 70년이 채워진 해였다.

이 역사적인 시점에서 하느님께서는 페르시아(오늘날 이란) 왕국을 일으켜 바빌론(오늘날 이라크) 왕국을 치신다. 왕의 이름은 키루스. 어떤 연유에서였는지 그는 야훼를 공경하는 인물이었다. 깜짝 캐스팅?! 그는 곧바로 칙령을 내린다.

"주 하늘의 하느님께서 세상의 모든 나라를 나에게 주셨다. 그리고 유다의 예루살렘에 당신을 위한 집을 지을 임무를 나에게 맡기셨다. 〔…〕 이제 그들이 유다의 예루살렘으로 올라가서, 주 이스라엘의 하느님 집을 짓게 하여라"(에즈 1,2-3).

이리하여 유배지 포로들의 귀향길이 열리게 된다. 알다가도 모르겠는 하느님의 구원 섭리에 경탄할 뿐이다.

하느님께서는 키루스를 어떻게 사로잡으셨을까. 키루스는 어떤 기도를 바쳤을까. 우리에겐 가시지 않는 수수께끼다. 가는귀에 들려오는 그의 투박한 기도 소리에선 향기가 묻어난다.

﹀

나를 불쑥 찾아오신 이시여,
내 왕국을 일으켜 세우신 이시여,
내가 알면서도 모르는 이시여,

명하신 대로,
바빌론을 쳐 무찌르고,
끌려온 백성의 귀향을 허하는 칙령을 반포했사오니,
내 앞길 굽어살피소서.

나를 불쑥 찾아오신 이시여,
내 왕국을 일으켜 세우신 이시여,
내가 알면서도 모르는 이시여,

내가 아는 것은
당신이 이 바닥 700년 '불멸의 전설' 모세의 하느님이시
라는 것.
내가 어렴풋이 아는 것은
당신으로 인하여 얼떨결에 내게 지상의 권세가 쥐어졌
다는 것.
내가 모르는 것은
끔찍이도 당신 백성을 돌보시는 당신 사랑의 깊이.

나를 불쑥 찾아오신 이시여,
내 왕국을 일으켜 세우신 이시여,
내가 알면서도 모르는 이시여,

홀연 나를 떠나지 마소서.
돌연 내 왕국을 허물지 마소서.
문득 내가 당신을 흠모하게 하소서.

엎디어 청하옵나이다. 아멘!

하까이 /불황 시대의 햇불

경기 침체의 바닥에 등장하다 하까이 예언서는 짧다. 딱 2장! 그만큼 하까이 예언자의 예언 메시지는 한 주제에 집중되어 있다는 얘기다. 그는 기원전 520년, 그러니까 538년 키루스 칙령에 의해 바빌론에서 유배생활을 하던 이스라엘 지도층이 예루살렘으로 귀환한 지 18년째 되던 해에 예언 말씀을 받았다. 핵심은 경제 불황의 원인과 그 타개책에 관한 것이었다.

그의 출현에 대해 하까이서 서문은 이렇게 언급한다.

"다리우스 임금 제이년 여섯째 달 초하룻날, 주님의 말씀이 하까이 예언자를 통하여 스알티엘의 아들 즈루빠벨 유다 총독과 여호차닥의 아들 예수아 대사제에게 내렸다"(하까 1,1).

다리우스는 페르시아 왕국을 일으켜 바빌론 제국을 제압하고 다스렸던 키루스 왕의 3대 후임이다. 즈루빠벨은 키루스 왕 시절 유다 총독으로 임명되어 예루살렘 성전 재건을 주도했던 인물이고, 예수아 대사제는 즈루빠벨의 행정 지원을 받으며 성전 재건을 사실상 총괄했던 인물이다.

그런데 하까이 예언자가 등장할 당시 예루살렘의 상황은 그야 말로 경기 침체가 극심한 형국이었다. 공식적으로 4만 2천 명이 넘는 귀향민과 7천여 명의 종이 예루살렘과 인근 촌락에 다시 생활터전을 잡았지만(에즈 2,64-70 참조), 그 정착 과정이 결코 녹록지 않았다. 그들의 생활고는 빨간불이 켜진 예루살렘 성전 재건축과도 상관있었다. 이는 오늘날의 대형 건설사업과 경제의 관계를 고려해보면 금세 짐작되는 사태다. 공사가 진행되는 동안 그 인근은 사람들로 북적대고 경제는 활성화된다. 공사가 지지부진하면 지역경제도 함께 휘청거린다. 바로 후자의 사태가 그 시대 예루살렘에서 전개된 것이었다.

어쩌다가 악순환의 상황은 이 지경까지 왔을까? 잠깐 역사적 사실을 짚어볼 필요가 있다. 예루살렘 귀향민들은 키루스 칙령에 따라 성전 재건 작업에 착수했다. 그들은 본디 예루살렘 지역의 터줏대감들이었기에 돌아온 즉시 '주인의식'을 가졌다.
"예루살렘 성전 재건은 우리 힘으로 한다. 어중이떠중이 혼혈족들과 변절족들의 도움은 일절 사양한다. 그러므로 키루스 왕이 약속한 지원금 이외에는 우리가 각자 자원금을 봉헌하여 건설한다."

이런 식이었다. 이에 그들은 기꺼이 당시 유다 총독 즈루빠벨과 대사제 예수아를 재건축 사업 수뇌부로 여기고 의기투합하여 착착 진행해갔다(에즈 3,8-13 참조).

하지만 여기에서 소외된 사람들의 눈이 결코 고울 리 없었다. 게다가 역사적으로 앙숙 관계에 있던 사마리아인들이 가만히 있을 리 없었다. 그들은 집단적으로 방해공작을 하고 모략 상소를 올려 다리우스 왕이 등극할 때까지 공사를 중지시키는 데 성공했다(에즈 4장 참조).

격변하는 국제정세로 예루살렘 인근에 이주하여 정착한 사마리아인들은 예루살렘 성전이 재건되면 주도권에서도 밀리고, 이권 다툼에서도 불리한 국면으로 몰릴 공산이 뻔히 내다보이니까, 저렇게 반기를 들었던 것이다.

결과는 국가적 자해! 경제, 문화, 종교에 드리운 먹구름이었다.

경제논리를 영성논리로 풀다

하느님께서는 때를 보고 계셨다. 키루스 왕에 이어 2대가 지나고 드디어 당신의 마음에 드는 다리우스 왕이 등극하자, 그 이듬해 하느님께서는 하까이(및 즈카르야) 예언자를 내세우시어 다시 성전 재건을 독려케 하셨다. 이에 용기를 얻은 즈루빠벨과 예수아는 공식 절차를 밟아 다리우스 왕으로부터 성전 재건 사업의 허락을 얻어내고 일사천리로 시행하여 5년 만에 준공식을 치르게 되었다(에즈 6,15 참조).

이 국가적 사업에는 예루살렘 사람들의 도움이 무엇보다도 중요했다. 그들의 참여를 이끌어낸 것은 전적으로 하까이의 예언 활동이었다.

주목할 점은 그가 경제문제를 영성논리로 풀면서 백성들의 마음을 움직였다는 사실이다.

"— 만군의 주님께서 이렇게 말씀하신다. — 너희가 살아온 길을 돌이켜 보아라. 씨앗을 많이 뿌려도 얼마 거두지 못하고 먹어도 배부르지 않으며 마셔도 만족하지 못하고 입어도 따뜻하지 않으며 품팔이꾼이 품삯을 받아도 구멍 난 주머니에 넣는 꼴이다"(하까 1,5-6).

연이은 흉년? 민생고? 다 이유가 있다. 주님의 성전을 폐허로 방치했기 때문이다(하까 1,4 참조). 곧 하느님과의 연결 통로가 막혔기 때문이다! 이런 논조였다. "무슨 말도 안 되는 소리인가?"라는 반론이 없었을 리 없다. 물론, 들을 귀가 있는 백성들은 바로 알아듣고 즉시 뜻을 모았을 터다.

이런 하까이의 통찰 어린 설득과 채근이 있었기에 예루살렘 두 번째 성전, 이른바 '즈루빠벨' 성전이 성황리에 건축되었던 것이다.

경제논리와 영성논리! 이 둘의 줄다리기는 오늘도 여전하다. IMF 위기 때 나는 아주 조그만 본당을 맡고 있었다. 그때 어떤 신자가 와서 냉담을 선언하고 떠나려 했다.

"신부님, 죄송합니다만 제가 지금까지는 교무금도 낼 만했는데, 사업이 망했어요. 그래서 제가 다시 교무금 낼 수 있을 때, 그때 성당에 나올게요."

교무금 부담을 줄여주며 만류했지만, 이런 이들이 요즘에도 참 많은 듯하다. 하까이는 경제논리 일변도의 사유를 송두리째 뒤집는다. 그는 '봉헌 못 할 이유'를 '봉헌해야 할 명분'으로 바꿔놓는다. 그렇다고 궤변은 아니다.

하까이의 마음속 기도자리에서는 사람들의 구시렁 소리와 하느님의 자상한 초대가 노상 교차되지 않았을까.

"사글세 단칸방에 콩나물시루처럼
온 식구가 옴닥옴닥 붙어살고 있습니다.
입에 풀칠하기도 급급해서….'

영영 판잣집살이를 하려느냐?
너희의 극미한 정성에도 감동하는 나다.
혹시 아느냐,
네가 돼지저금통이라도 째면
하늘이 찢어지고 축복이 쏟아질지.

"냉해에, 수해에, 병충해에
올해 작황이 흉흉합니다.
밭들을 갈아엎을 판이라서…."

내년, 후년, 내후년, 똑같은 눈물을 흘리려느냐?
너희의 빈말 감사라도 흥분하는 나다.
혹시 아느냐,
그중 가장 실한 것을 '감사예물'로 바치면
그 30배, 60배, 100배로 돌려받을지.

"쥐꼬리 같은 월급에
챙길 일, 축낼 일은 많고, 내일은 기약 없습니다.
갚을 빚도 만만찮아서…."

수고와 무거운 짐, 너 스스로 지려느냐?
너희의 "아빠(abba) 아버지" 소리에 '자식바보'가 되는 나다.
혹시 아느냐,
네가 만사에 우선하여 내게 '0순위' 효심을 보이면
상상도 못 한 횡재가 내려질지.

"정말요?"
'혹시'가 아니란다. 네가 믿으면 '반드시' 그렇단다.

느헤미야 /별종 권력가

방치된 세월 70년   즈루빠벨 성전이 지어진 지 70년 가까이 흘렀다. 그사이 예루살렘에서는 어떤 일들이 일어났을까. 실망스럽게도 성전만 번듯하게 세웠을 뿐, 전례 및 신앙생활은 이전의 흐트러짐 그대로였다.

거룩한 성 예루살렘에는 사람이 많이 살지 않았다. 대부분의 사람은 다 허물어진 성벽 안에서가 아니라 성 밖의 마을에서 살았다. 생계 때문이었다. 예루살렘 성전을 중심으로 한 제사와 기도 문화가 활성화되기는커녕 지지부진에 빠지니, 예루살렘 시가지의 공동화(空洞化)가 진행되었던 것이다.

그렇다고 예루살렘의 르네상스를 위하여 누구 하나 사명감을 갖고 나설 수도 없는 형국이었다. 당시 유다 땅이 페르시아 제국의 통치권하에 있었기 때문이다.

느헤미야 총독 활약 일지

이때에 그야말로 혜성처럼 나타난 인물이 느헤미야다. 그의 활약 전모에 대한 기록 '느헤미야서'는, 그 자신이 총독으로 부임하게 된 경위 및 총독직 수행 과정을 직접 기록한 수기(手記)다. 그의 자술을 따라 그 시대의 증언에 귀 기울여보자.

키루스 칙령에 의해 바빌론 포로들의 귀환이 이루어진 이후에도, 여전히 바빌론에 남아 당시 바빌론을 통치하던 페르시아 제국에 신하로 등용된 이들이 있었다. 느헤미야는 그들 중 하나였다. 직책은 왕의 헌작 시종! 식사 때 곁에서 술을 따르면서 말 시중을 드는 직책이었으니, 왕의 측근 중 측근이었다.

어느 날 느헤미야는 유다에서 온 자신의 동생으로부터 예루살렘 소식을 듣는다. "포로살이를 모면하고 그 지방에 남은 이들은 큰 불행과 수치 속에 살고 있습니다. 예루살렘 성벽은 무너지고 성문들은 불에 탔습니다"(느헤 1,3).

즈루빠벨 성전 건축 때 미처 복구하지 못한 폐허의 참상 목격담에 느헤미야는 극심한 충격에 빠진다. 그는 땅에 주저앉아 슬피 울며 하느님께 여러 날 단식하며 기도를 올린다(느헤 1,4 참조). 대단한 신심이다. 세상의 어느 누가 약 140년 전 파국(정확히 587년)의 잔해를 놓고 저런 눈물을 흘릴 수 있단 말인가. 이 격한 슬픔의 기도 중에 그는 하느님의 음성을 들었던 듯하다.

"네가 가라, 예루살렘!"

느헤미야는 이 사명에 흔쾌히 자원하는 기도를 올리고 하느님께 아르타크세르크세스 왕의 윤허를 받아내도록 도와주실 것을 소청한다. 느헤미야는 왕의 총애를 받고 있었으므로, 그가 자초지종을 아뢰자 왕이 예루살렘 성벽 수축을 총괄하는 총독직으로 임명한다(느헤 2,1-8 참조).

정치적으로뿐 아니라 경제적으로도 전권을 위임받고 귀국길에 오른 느헤미야. 역사가들은 느헤미야가 늦어도 기원전 440년에는 예루살렘에 도착했을 것이라고 본다. 새 총독으로서 그는 곧장 시급한 일에 착수했다.

그 과정은 결코 순조롭지 않았다. 호른 사람 산발랏과 암몬 사람 관료 토비야, 아라비아 사람 게셈이 이 소식을 듣고 방해공작을 폈다. 그들은 통치의 틈새를 이용하여 세도를 부리거나 페르시아 통치권과 인맥이 닿아 있는 관료들이거나 했다. 그들은 온갖 모략, 무력 침공 시도, 공갈 등을 동원하여 성벽 수축을 훼방하였다. 그러나 물러설 느헤미야가 아니었다. 그의 추진력은 대쪽을 쪼개듯 했다. "예루살렘에는 당신들에게 돌아갈 몫도 권리도 연고도 없소"(느헤 2,20).

느헤미야를 지지하여 자원한 청년들과 백성들은 성벽 수축과 성벽 방어를 밤낮으로 번갈아가며 감내해야 하는 이중고를 치렀다(느헤 4,10-17 참조).

52일 만에(느헤 6,15 참조) 어느 정도 성벽이 세워졌다. 그의 공적은 거기에서 그치지 않는다. 최고 권력을 위임받은 공직자로서 그가 보여준 봉직 정신은 경이롭기까지 하다.

무엇보다도 당시 민생고의 주범이었던 고리대금업을 금지, 기존에 받은 이자까지 되돌려주도록 강경 조치를 취한다(느헤 5,10-11 참조).

또한 그는 12년 총독 재임 기간 내내 자신 및 일가 모두 녹을 받지 않는 봉헌심으로 일한다(느헤 5,14-16 참조).

나아가 그는 유다 총독으로서 율법의 규정과 법규를 따라 최대의 공정심으로 비리와 특권을 척결하는 데에도 단호한 조치를 취하면서, 성전 종사자들의 업무 분장을 완료한다(느헤 13,4-13 참조).

그리고 그는 유다의 안식일 문화를 율법 규정대로 정착시키는 데에 정치력을 행사한다. 안식일에 노동, 상행위, 거래 일체가 불가능하도록 일벌백계로 다스리면서 성문을 시간에 맞춰 통제한다(느헤 13,15-22 참조).

끝으로 그는 통혼자들의 정리에도 결단력 있는 조치를 취한다. 이민족 여자들과 자녀들이 그 땅에 발붙이지 못하도록 강경정책을 펼쳤던 것이다(느헤 13,25.28 참조). "이스라엘 임금 솔로몬이 죄를 지은 것도 바로 그런 여자들 때문이 아니오?"(느헤 13,26) 이 변증은 실패의 역사 속에서 그가 통찰한 불멸의 진리였다.

한 문장 결어　　진면목은 구체성에서 드러난다. 그러기에 그의 수기를 건(件)의 누락 없이 요약해봤다. 이로써 느헤미야의 초상이 어렴풋이 그려졌으리라 기대한다. 그런데 그의 기록에서 특히 우리의 이목을 끄는 한 문장이 있다. 바로 걸어다.

"저의 하느님, 저를 좋게 기억해 주십시오"(느헤 13,31).

사실 이 기도는 그의 기록 후렴에 해당한다. 그는 중요한 사건 기술을 마무리할 때마다 이와 비슷하게 '기억해 주십시오'라는 기도를 바치고 있다.

"저의 하느님, 제가 이 백성을 위하여 한 모든 일을 좋게 **기억해 주십시오**"(느헤 5,19).

여기에는 '원수' 갚는 일의 위탁도 포함되어 있다.

"저의 하느님, 이런 짓을 저지른 토비야와 산발랏을 **기억하십시오**"(느헤 6,14).

걸어 직전의 기도는 그의 핵심 치적에 관한 것이다.

"저의 하느님, 이 일을 한 **저를 기억하여 주십시오**. 제 하느님의 집과 그분 섬기는 일을 위하여 제가 한 이 덕행을 지워 버리지 말아 주십시오"(느헤 13,14).

이처럼 반복된 기도는 결국 무엇을 말해주는가? 그는 매사에 하느님 현존을 의식하면서 하느님 뜻을 물으며 행했던 것이다. 그의 기도를 응용하여 우리의 소소한 마음 씀을 미주알고주알 아뢰면, 우리의 기도가 더 재미있어지지 않을까.

나의 하느님!

점심때 친구들에게 커피 한잔 쐈습니다, 기억해주십시오.

전철 안에서 어르신께 자리를 양보했습니다, 기억해주

십시오.

길에서 걸인에게 지폐 한 장 건네주었습니다, 기억해주
십시오.

….

나의 하느님!

직장 상사로부터 억울하게도 욕을 바가지로 먹었습니다,
기억해주십시오.

터무니없는 질시와 모함으로 속이 터졌습니다, 기억해
주십시오.

큰맘 먹고 구입한 물건이 반품 불가 불량품이었습니다,
기억해주십시오.

….

나의 하느님!

성당 사정이 딱하여 결혼반지를 바쳤습니다, 기억해주
십시오.

굶는 이들 생각하며 허기를 꾸욱 참고 한 끼 희생했습니다,
기억해주십시오.

3년을 공들여 한 영혼에게 복음을 전했습니다, 기억해주
십시오.

….

에즈라 대사제 /민족혼의 파수

돌아온 선비   모름지기 앞 글의 주인공 느헤미야의 예루살렘 성벽 수축이 빛을 발한 것은 전적으로 에즈라 대사제의 활약과 꿍짝이 맞았기 때문일 터다. 느헤미야와 에즈라! 동시대의 민족적 과제를 예리하게 직시한 두 인물. 사실 성경의 순서로 보나 역할의 질적 비중으로 보나 에즈라가 '먼저'다. 하지만 우선권을 부여하는 배려보다 '대미'를 장식하는 영예를 돌려주는 것이 더 마땅한 예의일 듯싶어, 한 차례 늦게 에즈라를 만나본다.

에즈라 역시 느헤미야처럼 바빌론으로 끌려간 포로의 후예로서 어느덧 타향살이 네댓 세대쯤에 해당하는 인재였다. 그는 대사제 아론의 후예로, 모세의 법에 능통한 학자였다. 그에게는 불같은 민족혼이 살아 있었으니, 학자도 그냥 학자가 아니라 우리식 표현으로 꼿꼿한 '선비'였다고 해도 무방하겠다. 그는 야훼의 법을 깨쳐 몸소 실천할 뿐 아니라, 그 법령들을 이스라엘 사람들에게 가르치고 싶은 마음밖에 없었다.

하느님께서는 임금의 총애를 받고 있던 에즈라를 도우시어 소청을 아뢸 기회를 허락하셨다. 그리하여 그는 아르타크세르크세스 왕이 페르시아 제국을 다스린 지 7년째 되던 해에, 그의 칙령을 받들고 바빌론에서 예루살렘으로 돌아왔다(에즈 7,8 참조).

왕에게서 받은 칙령은 다음과 같았다.

"이제 나 아르타크세르크세스 임금이 유프라테스 서부 지방의 모든 재무관에게 명령을 내린다. 하늘의 하느님께서 내리신 법의 학자인 에즈라 사제가 그대들에게 요청하는 것은 무엇이든지 어김없이 해 주어라. [⋯] 하늘의 하느님께서 명령하시는 것은 무엇이든지 하늘의 하느님 집을 위해 빈틈없이 수행하여, 임금의 왕국과 왕자들에게 진노가 내리는 일이 없게 하여라"(에즈 7,21-23).

키루스 왕의 자손인 아르타크세르크세스에게 이런 신앙이 있었다는 것은 당시 주변의 종교적 정황으로 보건대, 거의 기적과도 같은 일이었다. 그는 법에 관한 전권을 에즈라에게 맡겼다(에즈 7,25-26 참조).

에즈라 일행은 무사도착을 기원하며 아하와 강가에서 다 함께 단식 기도를 한 후 출발하여, 예루살렘에 도착 후 감사의 번제를 올린다. 이는 그가 얼마나 율법을 충실히 준행하며 하느님 중심의 삶을 살고 있는지 여실히 드러내 주는 대목이다.

바로 뒤이어 귀국한 느헤미야 총독이 성전 성벽을 수축하는 동안, 에즈라는 흐트러진 율법을 집대성하며 이스라엘 민족의 정체성을 다시 세우는 일에 전념하였다.

말씀으로 민족혼을 재건하다

느헤미야 주도하에 성벽 수축이 끝난 뒤, 백성들은 대사제 에즈라에게 모세의 율법서를 낭독해줄 것을 청하였다. 그들은 수문('물 문') 앞 광장에 모여들었다(느헤 8,1-2 참조). 때는 정확히 기원전 444년 화해의 날이었다.

"그는 '물 문' 앞 광장에서, 해 뜰 때부터 한낮이 되기까지 남자와 여자와 알아들을 수 있는 이들에게 그것을 읽어 주었다. 백성은 모두 율법서의 말씀에 귀를 기울였다"(느헤 8,3).

인쇄술이 발달하지 않았던 당시, 이렇게 백성들에게 율법을 낭독해주는 것은 일생에 한 번 있을까 말까 하는 행운이었다. 요시야가 백성들 앞에서 율법을 낭독한 적이 있긴 하지만, 그 이후 종적을 감췄다. 그런데 이제 에즈라가 율법을 준비해서 "해 뜰 때부터 한낮이 되기까지" 백성들에게 낭독해주었던 것이다.

에즈라가 모두 쳐다볼 수 있도록 높은 자리에서 책을 펴들자 온 백성은 일어섰다. 에즈라가 높으신 하느님 야훼를 칭송하자 백성도 손을 쳐들고 "아멘, 아멘!" 하고 응답하였다. 말씀의 은혜에 벅차, 말씀을 들으면서 온 백성이 울었다. 이에 에즈라와 레위인들이 백성을 다독였다.

"오늘은 주 여러분의 하느님께 거룩한 날이니, 슬퍼하지도 울지도 마십시오"(느헤 8,9).

과연 백성들은 눈물을 그쳤을까. 그러지 못했을 것이다. 그만큼 내린 말씀이 감사했던 것이다. 이는 누구도 대사제 에즈라에게서 박탈할 수 없는 공적이었다.

이렇게 에즈라는 율법을 새로 교육하면서, 유다인의 종교적 절기와 국가 기강을 다시 세우는 일에도 앞장선다. 그는 당시 암묵적 관행이었던 통혼과 혼혈 문제를 율법에 의거하여 원칙대로 단호하게 처리한다. 그는 사제, 레위인들, 지도자들과 관리까지 통혼하여 혼혈을 조장한다는 보고를 받고서, "의복과 겉옷까지 찢고 머리카락과 수염을 뜯고는 넋을 잃고 앉아" 있다가(에즈 9,3 참조) 먼저 하느님의 전(殿) 앞에 쓰러져 죄를 고백하고 울며 기도하며 백성들의 지지를 받는다(에즈 10,1 참조). 이어 그는 외국 여자와 그 몸에서 얻은 자식들을 다 내보내는 결정을 하도록 백성들과 원로들을 설득한다(에즈 10,3 참조).

대사제 에즈라는 이런 식으로 차근차근 유다인의 민족혼을 재건하였다. 그는 예로보암 시대에 호세아와 함께 활동했던 아모스 예언자를 상기시킨다.

"보라, 그날이 온다. 주 하느님의 말씀이다. 내가 이 땅에 굶주림을 보내리라. 양식이 없어 굶주리는 것이 아니고 물이 없어 목마른 것이 아니라 주님의 말씀을 듣지 못하여 굶주리는 것이다"(아모 8,11).

에즈라는 적어도 수백 년 지속되었을 이 말씀의 가뭄을 종식시킨, 세기적 인물이었던 것이다. 그를 묵상하자니 저 역사적 '화해의 날' 저녁, 그가 홀로 바쳤을 기도 소리가 들려오는 듯하다.

⌃

보았습니다,
굶주림의 본색.
일찍이 아모스가 미리 봤던 그대로,
양식이나 물이 없어서가 아니라 '말씀'이 끊겨
드러난 벌거숭이 몰골들을 목도했습니다.
인파 북적대는 저잣거리,
먹거리 놀거리로 흥청거려도
휑한 마음의 빈자리 메울 길 없어
바쁜 척 비틀거리는 허무의 군상들!
그 회칠한 결핍, 부족, 고갈의 잔해들은
차라리 초라·초췌했습니다.

또 보았습니다,
말씀 기근의 민낯.
양심의 씨줄 날줄 흐트러진 들쭉날쭉의 난장판에서

법석대는 짝퉁들의 향연을 목격했습니다.
비(非)인간, 비(非)이성, 비(非)진리가
백주대낮에 버젓이
'휴머니즘', '인권', '종교'의 이름으로 둔갑하여
순진한 영혼들을 등쳐먹는 악독한 음모들!
그 얄팍한 꼼수에 휘둘리는 선량들의 어리석음은
이 못난 사제(司祭)의 장탄식이었습니다.

그리고 오늘 보았습니다.
해원(解冤)의 감격.
기록적 100년 기근 끝자락에 내린 말씀 소나기에
두 손 높이 쳐든 채 부동의 온몸으로
한 방울 한 마디까지 빨아들이려는 몰입을
공감했습니다.

소리로도 허기가 채워지고,
의미로 진기가 충전되고,
깨달음으로 존재가 각성됨에,
서로 얼싸안고 한 골육의 혼을 입맞춤하는 생명 의식(儀式)!
흐르는 눈물 속에서는 세 가닥 빛줄기
환희, 위로, 희망이 번득이고 있었습니다.

≫

토빗 / 바보

바보의 슬픔　　상식을 따르지 않는 사람 또는 시속(時俗)과
　　　　　　　　　동떨어진 삶을 사는 사람을 일컬어 흔히 '바
보'라 칭한다. 토빗은 영락없는 바보였다.

토빗은 납탈리 지파 라구엘의 후손으로서, 아시리아 왕 살만에
세르 시대에 갈릴래아에서 아시리아의 땅 니네베로 끌려간 유배
민이었다. 그는 그곳에서 함께 귀양살이하던 친척들과 동포들에
게 유난스럽게 자선을 베풀었다(토빗 1,17 참조).

그는 살만에세르를 이은 왕 산헤립이 하느님을 거슬러 유다인
들을 참살할 때에도 몰래 시체들을 묻어주다 들통 나, 도망자 신
세에다 모든 재산을 몰수당하는 일을 겪는다(토빗 1,20 참조). 얼마
후 다시 왕이 바뀌어 에사르 하똔 시대가 되고 토빗의 조카뻘 되
는 아키카르가 재정장관에 등용되자, 토빗은 그의 도움을 받아 집

으로 돌아가 아내 안나와 아들 토비아를 되찾게 된다.

선행의 대가로 치러야 했던 부당한 시련들로 기죽을 토빗이 아니었다. 환영차 친척들이 자신만을 위해 차려준 잔치에서도 생각나는 것은 오로지 '주님을 잊지 않는 가난한 이들'의 굶주림이었다 (토빗 2,2 참조). 함께 나눌 요량으로 아들 토비아에게 그들을 찾아 데려올 것을 명하자, 뜻을 받들고 나갔던 토비아는 돌아와 '목 졸려 죽은 동포'의 비보를 전할 따름이었다. 이 일로 잔치는 순식간에 '슬픔'의 판이 되어버렸다. 순간, 토빗은 아모스 예언자가 이스라엘의 원죄였던 베텔 성전의 금송아지 우상숭배를 두고 했던 말을 떠올리며 애곡한다.

"너희의 축제들은 슬픔으로,

너희의 모든 노래는 애가로 바뀌리라"(토빗 2,6).

그러고 보니 가난한 동족을 향한 토빗의 자선과 시신 매장은 한 '착해빠진' 사람의 휴머니즘 정도가 아니었다. 그의 행동 선택은 확실히 역사 현상 배후에 숨겨진 하느님의 뜻에 대한 영적 통찰의 소산이었다.

바보 토빗, 그의 바보스러운 실행은 '헛약은' 동포들의 얕은 처신에 대한 저항이었으며, 동시에 보속이기도 했다. 그 싹수를 우리는 토빗이 유배자가 되기 전 이미 고국에서 보여준 바보 영성에서 확인한다.

그의 친척들은 모두 우상숭배에 빠졌다. "그러나 나(토빗)만은 축제 때에, 〔…〕 예루살렘으로 갔다. 나는 그때마다 맏물과 맏배와 가축의 십분의 일과 그해에 처음 깎은 양털을 가지고 예루살렘으로 서둘러 가서, 아론의 자손 사제들에게 주어 제단에 바치게 하였다"(토빗 1,6-7).

그뿐이 아니다. 제물에 관한 모세의 규정을 토씨까지 지켰다(토빗 1,7-8 참조). 법을 어기는 사람들이 흔히 동원하는 '융통성'의 논리를 인정하지 않았다. 누구의 눈으로 봐도 그는 천생 '바보'였던 것이다.

얄궂게도 그의 바보 선행에 내린 보상은 '불행'이었다. 바로 저 역사적인 잔칫날 저녁, 토빗은 뜰에서 잠을 자다가 눈에 난데없이 참새 똥이 떨어지는 바람에 실명하게 된다(토빗 2,9-10 참조). 이 봉변으로 그의 처지는 졸지에 주위 사람들의 손가락질을 받으며 아내의 품앗이 노동에 의지하여 연명하는 꼴로 전락한다.

바보 아내의 슬픔

조롱의 세월 4년째, 하루는 아내가 웬 염소 새끼 한 마리를 끌고 온다. 성실하게 일하는 것을 보고 집주인이 포상으로 준 것이다. 토빗은 드디어 아내가 생활고 때문에 도둑질까지 하게 되었다고 생각한다. '돌려주라'고 생사람 잡는 소리를 하는 토빗의 완고함에 견디다 못한 부인이 톡 쏘아댄다.

"당신의 그 자선들로 얻은 게 뭐죠? 당신의 그 선행들로 얻은 게 뭐죠? 그것으로 당신이 무엇을 얻었는지 다들 알고 있어요"(토빗 2,14).

그동안 꾹꾹 눌러두었던 바보 아내의 속내다. 속절없는 슬픔!

억지로 견뎌왔지만, 자신을 도둑으로 모는 '바보' 남편의 몰이해는 그 슬픔을 증폭시킬 따름이다.

아내 안나의 입장에서 봤을 때, 남편 토빗의 '바보'짓을 더는 용납해줄 수 없었다. 이제부터라도 자신이 현명하게 '현실적'인 판단으로 남편의 바보짓을 막아야 한다! 그 이후 안나는 일단 토빗의 선택에 사사건건 반론을 펴고 본다.

토빗이 아내의 구박에 충격을 받고 기도로써 삶의 마감을 준비한 후, 일찍이 빌려주었던 빚을 받아오도록 심부름차 아들 토비아를 '메디아'라는 먼 곳으로 보내려 하자, 안나는 즉각 반발하였다.

"어쩌자고 내 아이를 보내십니까?"(토빗 5,18)

그까짓 돈 때문에 아들을 잃는 일이 행여나 있어서는 안 된다는 취지의 논박이었다. 그래도 하느님께서 동행해주실 것이라는 남편의 설득에 한발 물러선다. 하지만 아들이 돌아올 날수가 지나도 무소식이 되자, 안나는 또 울고불고 원망을 쏟아댄다. 토빗이 안심을 시켜도 막무가내로 절망할 뿐이다.

"당신이나 조용히 하고 나를 속이지 말아요. 내 아이는 죽었어요"(토빗 10,7).

이는 아들을 가진 이 세상 모든 어머니의 노심초사다! 누가 이 섣부른 단념에 돌을 던지겠는가. '바보' 남편에 대한 독백 넋두리와 아들의 비극에 대한 상상슬픔은 필경 실성한 여인의 그것이었으리라.

하지만 하느님께서는 바보 아내의 이 무기력한 슬픔을 머지않아 환호성으로 바꾸어주신다.

"봐요. 당신 아들이 와요. 함께 갔던 사람도 오네요"(토빗 11,6).

바보의 슬픔은 성스럽다. 바보 아내의 슬픔이라고 결코 속되지 않다. 그러기에 두 슬픔의 동침에 하느님께서는 저 희소식을 내려 주신 것이다.

지상에서 가장 아름다운 유언

이 글로써 토빗 이야기의 줄거리를 다 요약하지 못함이 아쉽다. 거두절미하고 '염소' 사건 말미에 아내의 입에서 들려온 푸념은 토빗에게 사형선고나 마찬가지였다. 지난 4년간 그 누구의 비아냥도 거뜬하게 견뎌온 그였지만, 아내의 한마디를 그는 감내할 수 없었다. 사랑하는 이의 한마디는 이토록 위력이 있는가? 절망한 토빗은 하느님께 목숨을 거둬달라는 기도를 올린다(토빗 3,6 참조).

믿음이 돈독했던 그는 자신의 기도를 하느님께서 들어주실 것을 확신하고, 아들 토비아에게 유언을 남긴다.

"얘야, 평생토록 늘 주님을 생각하고, 죄를 짓거나 주님의 계명을 어기려는 뜻을 품지 마라. 평생토록 선행을 하고 불의한 길은 걷지 마라. 〔…〕네가 가진 만큼, 많으면 많은 대로 자선을 베풀어라. 네가 가진 것이 적으면 적은 대로 자선을 베풀기를 두려워하지 마라. 네가 곤궁에 빠지게 되는 날을 위하여 좋은 보물을 쌓아두는 것이다. 자선은 사람을 죽음에서 구해 주고 암흑에 빠져 들지 않게 해 준다. 사실 자선을 베푸는 모든 이에게는 그 자선이 지극히 높으신 분 앞에 바치는 훌륭한 예물이 된다"(토빗 4,5.8-11).

결과적으로 이 유언은 그가 전화위복으로 눈을 뜨는 은총을 입음으로써 무효처리가 된다. 그리고 인생 말미에 가서 또 한 번의 유언을 남긴다(토빗 14,3-11 참조).

유언의 내용은 구체적이면서도 함축적이다.

나는 이 글들을 읽으면서 큰 은총을 입었다. 인생에서 가장 중요한 것들의 목록을 만난 듯했던 동시에, 그것을 이미 살아낸 사람의 후회 없는 회고를 접했다는 느낌 때문이다.

토빗의 유언은 내 마음속에서 이런 결정체가 되어 빛나고 있다.

❖

아빠는 바보였다
너도 바보가 되거라

없어도 나누거라
있으면 그만큼 통 크게 쏘고
없으면 고만큼 실하게 쏘거라

하느님의 판결은 항상 옳다
어떤 운명의 결정에도
찬미와 찬송과 감사를 드리거라

행복하고 싶으면 계명을 붙들거라
곧이곧대로 한 점 한 획까지…
'융통성'이라는 말은 속임수다
성공하고 싶으면 하느님께 기도하거라
철석같이 믿고 화끈하게 청하거라
'은총'보다 더 큰 실력은 없다

언제나 현자의 권면에 귀 기울이고
허심으로 따르거라

이는 유언이 아니라 내 생애였다
내 말을 명심하고
낱낱이 실행하거라

네가 지금 보는
아빠의 불운은
지나가는 것이다
네게는 반드시
축복의 길이
열리리라

에스테르 / 심겨진 왕비

신데렐라 에스테르　아직 바빌론에서 이스라엘 백성이 전부 귀환하지 못하던 시절, 크세르크세스 왕이 인도에서 에티오피아에 이르는 백이십칠 지방을 다스리던 때의 이야기다. 그는 기원전 530년대 즈루빠벨 주도하의 성전 재건과 450~40년대 느헤미야에 의한 성벽 수축 사이의 공백기가 절정을 넘어 마무리 국면에 이르렀을 때, 페르시아 제국을 통치한 인물이다.

그는 나라를 다스린 지 3년째 되던 해, 온 페르시아와 메디아의 장군과 귀족과 고관대작들과 각 지방 수령들을 초대하여 큰 연회를 베풀었다. 장장 180일에 걸친 축제를 마무리하면서 향연의 절정으로 그는 왕비('와스티')와 화려한 동반 예식을 계획하였으나, 왕비는 왕명을 거스르고 독자 행보를 하였다. 이로 인해 왕의 진노를 사게 된 왕비는 급기야 폐위되고 만다(에스 1,10-22 참조).

이리하여 새 왕비를 뽑는 경연이 선포되었을 때, 간택의 영광을 입은 인물이 바로 유다인 출신 에스테르였다. 그녀는 네부카드네자르에 의해 포로로 끌려온 유배민의 후손으로서 일찍이 부모를 여의고 사촌 오빠인 모르도카이의 양녀로 입양되어 수사 왕성에서 장성하였다.

모르도카이는 본디 벤야민 지파 출신 유배민으로서 수사 왕성에서 왕을 측근에서 모시는 요직에 있었다. 그 이점을 활용하여 둘 사이의 인척관계를 비밀에 부친 채 에스테르에게 새 왕비 간택에 응할 것을 권하였는데, 그것이 로또를 맞추는 격이 된 것이었다.

신데렐라! 에스테르는 하루아침에 유배민에서 왕비로 '신분상승'을 하는 주인공이 되었다. 엄청난 경쟁을 뚫고 왕비로 뽑힌 것은 물론 그녀의 출중한 미모 덕이기도 했지만, 그 배후에는 역사를 미리 내다보시는 하느님의 개입이 있었다.

외짝 라이벌의 음모

이야기의 발단은 유다인 출신 모르도카이와 아각 사람 하만 사이의 세력 다툼이다. 더 정확히 말하면, 어쩌다 크세르크세스의 눈에 들어 궁중 고위직에 오른 하만이 자신 앞에 무릎 꿇어 절하려 하지 않은 모르도카이에게 적개심을 품으면서 사건이 전개된다(에스 3,1-5 참조). 사실 하만은 모르도카이가 궁중 내시로 활약하던 시절, 왕을 시해하려던 다른 두 내시의 음모를 (에스테르 왕비를 통해) 왕에게 고발하여 목숨을 구한 공로로 왕의 총애를 얻게 된 일을 심히 못마땅해 하던 터였다(에스 1,1(17) 참조).

헌데, 넘버2의 위치에 있었던 하만은 '건방진 놈' 모르도카이와 그의 민족 유다인을 말살할 계략을 꾸민다. 그는 '푸르'라 부르는 주사위를 던져 대학살의 날을 12째 달인 아다르 월(지금의 2~3월) 제13일로 받고, 왕에게 이렇게 간한다.

"임금님 왕국의 모든 주에는 민족들 사이에 흩어져 있으면서도 저희들끼리만 떨어져 사는 민족이 하나 있습니다. 〔…〕 임금님의 법마저도 그들은 지키지 않습니다. 그들을 이대로 내버려 두시는 것은 임금님께 합당치 못합니다. 임금님께서 좋으시다면, 그들을 절멸시키라는 글을 내리시기 바랍니다"(에스 3,8-9).

이와 함께 하만이 재산몰수의 결과로 은 일만 탈렌트가 국고로 환수될 것을 미끼로 약속하고 있음을 놓치지 말 일이다. 또한 여기서 하만이 '유다인'에 대한 왕의 신뢰를 인식하여 단지 어떤 '민족 하나'로 슬쩍 뭉개어 말함과 동시에 '임금님의 법마저 지키지 않는다'고 음해하고 있음을 놓치지 말 일이다. 왕은 이것이 자신의 왕비 및 충신 모르도카이의 목숨을 노리는 계략인 줄 모른 채, 넘어가고 만다.

"은은 그대 차지요. 이 민족도 그대가 좋을 대로 처리하시오"(에스 3,11).

왕은 화끈하게 자신의 인장을 하만에게 넘기고, 하만의 음모는 일사천리로 실행가도에 들어간다. 유다인 말살 공문이 작성되고, 나라 전 지역에 파발되어, 이제 시행일만 남았다!
제아무리 왕비요 권세가라도 이 시행령에는 예외가 없다. 결정은 하만과 왕 사이에서 이루어졌기에 무슨 영문인지도 알 길이 없다.

운명을 뒤집은 결단

이 상황에서 모르도카이는 에스테르를 설득하여 왕의 마음을 뒤집어줄 것을 요청한다. 하지만 이는 그 서슬 퍼런 '시행령'을 전제할 때, 목숨을 건 일이었다. 그러기에 각자 3일간 단식 기도를 바친 후, 피를 말리는 진언이 전개된다. 에스테르는 나름 지혜를 발휘하여 왕과 하만만을 위한 연회를 벌이게 하여 왕의 애간장을 태우면서 절차적으로 '하만'의 계략을 폭로한다.

여기서 잠깐! 이틀에 이어진 연회 사이에 하느님께서는 왕에게 불면의 밤을 내리시어 궁중 사건 일지를 읽도록 하신다. 왕은 모르도카이라는 '내시'가 다른 내시의 시해계획을 적발한 대목을 읽고 다시금 그 고마움을 상기한다(에스 6,1-3 참조).
왕이 이렇게 유다인의 신용을 새삼 확인하게 되는 시점에 이르자, 에스테르는 하만의 술책을 폭로한다. 이로 인해 간악했던 하만의 공작은 외려 왕의 메가톤급 진노를 사게 된다. 그리하여 하만은 모르도카이를 매달기 위하여 자신의 집에 세워 박은 말뚝에 매달려 죽임을 당하고, 하만 일당의 전권이 임금의 인장과 함께 모르도카이에게 넘어가게 된다(에스 8,2 참조).

이윽고, 유다인을 말살하기로 정해진 아다르 월 13일은 한마디로 운명이 뒤집힌 날이 된다. 이날은 유다인들의 쓰라림이 기쁨으로, 초상날이 축제일로 바뀐 날임과 동시에, 하만을 지지하던 일당 7만 5천 명이 처형된 날(에스 9,16 참조)이다. 유다인들은 이날을 기려 매년 아다르 월 14일과 15일을 주사위 '푸르'로 정해진 날이라는 의미로 '푸림' 축제를 지낸다(에스 9,26 참조).

이 대목에서 다시금 또렷이 상기되는 것은 저 민족말살 위기의 절정에서 모르도카이가 에스테르를 설득하는 논리다.

"그대가 이런 때에 정녕 침묵을 지킨다면, 유다인들을 위한 해방과 구원은 다른 데서 일어날 것이오. 그러나 그대와 그대의 아버지 집안은 절멸하게 될 것이오. 누가 알겠소? **지금과 같은 때를 위하여** 그대가 왕비 자리에까지 이르렀는지"(에스 4,14).

여러 단어 중 '지금과 같은 때를 위하여'가 유독 도드라지게 다가온다. 이는 비단 에스테르에게뿐 아니라, 이 세상 모든 직업과 직무에 유효한 말씀이다. 사실 말이지 시방 이곳, 지금 우리의 자리에로 우리는 보냄받은 신원이 아니겠는가! 그러기에 에스테르의 기도는 바로 오늘 우리의 기도와 잇닿아 있다 할 것이다.

❯

'지금과 같은 때를 위하여'
나
시방 이곳에
보내졌거늘,
나
무슨 빌미로
딴전 부리리오.

어쩐지
하루좀드락 격무도
성에 차지 않더이다(에스 4,17(29) 참조).
직무의 보람보다
"천하를 얻더라도… 무슨 소용이 있더냐"
라시는 님의 물음이 더 허전하더이다.

'지금과 같은 때를 위하여'
하느님의 의를 위하여,
복음을 위하여,
우리를 구원할 그 이름을 위하여,

공익(公益) 중의 공익(公益)을 위하여,
나
시방 이곳에
보내졌거늘,
나
어찌
스리슬쩍 모르는 척하리오.

어쩐지
온종일 내심 동경이
의미(意味)이더이다.
성취의 기쁨보다
"잘하였다, 충성스러운 종아!" 하시는 님의 맞장구가 더
그립더이다.

'지금과 같은 때를 위하여'
나
시방 이곳에
보내졌거늘,
그분의 분부라면
나 무엇을 마다하리오.

〰

말라키 / 마지막 예언자

'마지막'의 의미　　　　　말라키는 기원전 약 500년에서 450년
　　　　　　　　　　　사이에 활동한 마지막 예언자로 알려
져 있다. 실로 말라키 이후 400여 년간 예언 말씀은 뚝 끊겼다. 말
이 400년이지 '계시'로 태어나 '계시'를 먹고 살던 이스라엘 백성에
게는 너무도 혹독한 천형이었다.

　역사가들은 이 시기를 중간사(中間史)라고 부른다. 구약과 신약
사이에 끼어 있는 애매한 시기, 이스라엘 백성과 하느님 사이의
소통이 소원했던 침묵의 세월이자 격조의 기간! 이런 의미에서 생
겨난 용어일 것이다. 여기서 예언 말씀이 시대구분의 기준이 되고
있음을 주목할 일이다. 왜냐하면 예언 말씀이 끊기면 하느님과의
관계에도 비상이 걸린다는 시각을 반영하고 있기 때문이다.

어쨌든, 하느님께서는 '말라키'가 이른바 구약의 '마지막' 예언자
가 될 것임을 알고 계셨을 것이다. '마지막'이라는 단어는 말하는
이나 듣는 이에게 비장하고 결연한 기운을 모아준다. 존재의 지속
을 위하여 특단의 채비를 차릴 것을 요청하기 까닭이다. 극한 국
면에 대한 대비책이라 할까.

400년 고난길의 노자(路資) 말씀

먼 길을 갈 때 챙겨
서 가는 여비를 '노
잣돈'이라 부른다. 옛날 교리에서는 병자성사를 '노자성사'라고도
불렀다. 죽음의 먼 여정, 황천길을 갈 때 필요한 은총을 챙겨 받는
다는 뜻에서다. '마지막'이라는 꼬리표가 따라다니는 말라키 예언
서의 말씀에도 이 '노자'의 성격이 짙게 서려 있다. 그러기에 400년
고난길의 '노자' 말씀이란 관점에서 그 내용을 반추해보는 것도 은
혜로운 각성의 계기가 되지 않을까 싶다.

말씀이 내려질 당시 상황은 즈루빠벨 성전이 재건되고 그 후속
마무리가 지지부진한 채 영적 혼란, 태만, 나아가 불순이 여전히
판을 치던 즈음이었다. 이런 정황에서 던져지는 물음은 터무니없
이 거창하다.

"이스라엘 백성은 어떻게 해야 향후 400년 고난의 역사를 견뎌
내고 '하느님 백성'으로서 신앙과 정체성을 지켜낼 수 있을까?"

이렇듯 원대한 물음에 대한 답변이 말라키 예언이라고 봐도 그

룻됨이 없을 것이다.

말라키 예언의 배경적 윤곽은 십계명이다.

"너희는 나의 종 모세의 율법, 내가 호렙에서 온 이스라엘을 위하여 모세에게 내린 규정과 법규들을 기억하여라"(말라 3,22).

알다시피 십계명은 '하느님 사랑'으로 요약되는 상3계와 '이웃 사랑'으로 요약되는 하7계로 구성되어 있다.

말라키서는 먼저 '하느님 사랑'의 방편으로서 경신례를 관장하는 사제들을 향하여 포문을 연다. 전체 3장 가운데 1장과 2장의 주요 내용이 사제들에 대한 엄중한 경고에 할애되고 있다. 제물을 바칠 때의 불경한 마음과 무성의(말라 1,6-10 참조), 게으름과 눈속임(말라 1,13-14 참조)에 대한 지적을 넘어 마침내 재앙을 예고하는 살 떨리는 어투의 말씀에 이른다.

"사제의 입술은 지식을 간직하고 / 사람들이 그의 입에서 법을 찾으니 / 그가 만군의 주님의 사자이기 때문이다.

그러나 너희는 길에서 벗어나 / 너희의 법으로 많은 이를 넘어지게 하였다. / 너희는 레위의 계약을 깨뜨렸다. ─ 만군의 주님께서 말씀하신다. ─

그러므로 나도 너희가 온 백성 앞에서 / 멸시와 천대를 받게 하리라"(말라 2,7-9).

사실상 이 말씀은 심판 예고로서보다 사제들의 영적 환골탈태와 참예배의 회복이 유일한 살길임을 강조하는 데 더 큰 의의를 지닌다. 역경을 견디는 가장 신통한 비책은 넓은 의미의 '기도'인 것이다. 하지만 안타깝게도 이 말씀이 예고하는 불행은 그로부터 약 250년 후 시리아 왕 안티오코스 에피파네스의 잔인한 종교탄압을 통해 결정적으로 실현되었다(1마카 1,20-64 참조).

이어지는 주제는 혼혈혼과 이혼에 대한 경고다. 먼저 그 이유가 명확히 제시된다. "유다 사람들은 주님께서 사랑하시는 그분의 성소를 더럽히고 이방 신을 섬기는 여자들과 혼인하였다"(말라 2,11). 그러므로 유다인 조강지처를 버리지 말고, 성스러운 부부의 연을 통하여 "하느님께 인정받는 후손"(말라 2,15)을 대물림시켜야 한다는 것이다.

물론, 말라키서는 '이웃 사랑'에 대한 본격적인 말씀도 생략하지 않는다(말라 3,5 참조). 특히 "품팔이꾼의 품삯을 떼어먹고 / 과부와 고아를 억압하는 자 / 이방인을 밀쳐 내는 자"들에 대한 심판을 언급함으로써 그 반대급부의 삶으로 적극 초대하고 있음에도 주목할 일이다.

요컨대 시련기를 살아남을 묘방, 그것은 지극히 단순하다. 비정상에서 정상으로의 회귀! 귀가 닳도록 들은 십계명을 곧이곧대로 이행하는 것! 그 상식 속에 400년 생명을 지속할 비책이 있는 것이다.

새 시대를 향하여

말라키서는 도처에 숨은 '의인'들을 응원하면서 끝까지 신앙에 충실할 것을 권면한다(말라 1,11.14 참조). 이들에게 가장 큰 격려는 '그분' 메시아 시대의 도래다. 하여 예언서는 확언한다.

"보라, 내가 나의 사자를 보내니 그가 내 앞에서 길을 닦으리라. 너희가 찾던 주님, 그가 홀연히 자기 성전으로 오리라"(말라 3,1).

오실 '사자'는 다름 아닌 엘리야 예언자다(말라 3,23 참조). 그가 오면 악인들은 불속에 타버리는 '검불'(말라 3,19)처럼 멸망할 것이다.

하지만 의인들을 위해서는 응분의 보상이 준비되어 있다.

"**주님**을 경외하며 **그의 이름**을 존중하는 이들이 / 주님 앞에서 **비망록**에 쓰였다. 그들은 **나의 것**이 되리라"(말라 3,16-17).

"의로움의 태양이" 떠오르는 그날은 치유와 기쁨이 될 것이다(말라 3,20 참조). 그 무엇에도 견줄 수 없는 격려는 이를 누릴 주인공들의 이름이 비망록(생명의 책)에 이미 기록되어 있다는 사실이다.

말씀이 내려진 지 400여 년 후, 저 예언 말씀은 세례자 요한의 등장으로 진실이 되었다. 바야흐로 새 시대가 열렸다.

구약을 마감하는 이 시점에 이르니, 장구한 기다림의 길목에서 시대의 의인들이 끈질기게 바친 기도 소리가 귓전에 웅성거린다.

≪

입때껏
생(生)의 모든 것인
제 이름,
당신의 수첩에 적혀 있겠지요.
나름
당신을 전능 천주(天主)로 알아 뫼셨고
당신의 이름을 기뻐 송축하였나니,
제 이름 석 자 당신의 **비망록**에 올라
당신의 것, 당신의 귀염둥이로
금이야 옥이야 영영 사랑받겠지요.

도처에서 이런 기도가 올려졌으면,
무시로 이런 희망을 가진 이들이 늘어났으면,
검은 침묵만 흐르는 세월의 강 이편저편에서
저 노래를 흥얼거리는 심령들이 바글거렸으면,
좋겠네!
꼭 그랬으면,
나 흐벅지게 좋겠네.

필경 그럴 것이기에
기약 없는 기다림마저 설레나이다.

하여

옛 약속 뒤로한 채,

새 약속 목 빼어 고대하는

우리의 합창은

"마라나타, 주여 어서 오소서."

복된 설움과 눈물의 환희로 다시 불러보는,

마라나타, 주여 어서 오소서!

아멘!

≫